戦後民主主義をどう生きるか

三谷太一郎

東京大学出版会

THE PAST AND PRESENT OF
POST-WAR DEMOCRACY IN JAPAN
Reflections on the Political and
Intellectual Community
Taichiro MITANI
University of Tokyo Press, 2016
ISBN978-4-13-003339-8

目次

I 政治社会を生きる

Ⅱ　知的共同体を生きる

I　政治社会を生きる

1　政治社会の変化と集団的自衛権の問題

一　二重の政治的疎外感による亀裂

現在の日本の政治社会（political community）は政治的疎外感（political alienation）の感覚が、国家の経営にあたっている政権の側にも、政権の外の市民の側にもある状況だと思います。そういう意味では、二重の政治的疎外感です。そうした政治的疎外感によって、現在の日本の政治社会には亀裂が生じていると見ています。

まず、国家の経営にあたっている現政権の政治的疎外感とはどういうものかということなのですが、安倍晋三首相に代表される現政権には、戦後の日本というのは真の日本ではない、つまり戦後日本、そしてその痕跡が残っている今の日本というものは真の日本が疎外された形態であるという、そういう意味での政治的疎外感があると思うのです。

ですから安倍首相は、真の日本（それは端的にいえば、安倍首相の祖父岸信介に象徴される日本）を取り戻すということをよく言うわけです。それは彼なりの、政治的疎外感を克服したいという願望だと思います。

それに対して政権の外部にある市民の側——もちろん安倍首相に同調する人たちも少なからずいるわけですけれども——にもまた政権に対する政治的疎外感があるように思います。市民の側も、安倍首相が今の日本に対して持っているような政治的疎外感を、現政権に対して持っているということです。

私が今から三六年前の一九七八年に雑誌『世界』一〇月号に寄稿(『人は時代といかに向き合うか』東京大学出版会、二〇一四年に収録)したエッセーの表題とした「政治社会の没落」は、シェルドン・ウォーリンというアメリカの著名な政治学者が *New York Review of Books* 誌の一九七八年五月一八日号および六月一日号に、当時のカーター政権の下でアメリカにおいて進行している政治変容として彼が捉えたものに分析を加えた、長文の論文で使用している表現です。

その中でウォーリンが強調しているのは、アメリカの政治変容は、アメリカの市民の間で政府に対するストレンジャー(異邦人)としての感覚が非常に強くなっているということです。これは、すなわち政治的疎外感です。(もちろん「疎外」“alienation”という概念はアメリカ政治学固有の概念ではない。一九三〇年代から四〇年代にかけて、ナチス支配を逃れて、ドイツその他のヨーロッパ諸国からアメリカに亡命した社会科学者たちによってもたらされたものである。元来ヘーゲルによって創始され、マルクスによって発展させられた“Entfremdung”という概念がアメリカにおいて“alienation”という概念として転用されたのである。“alienation”という概念を政治理論における分析概念として用いた例は、ワイマール・ドイツにおいて社会民主党系の法律学者・政治学者として活動し、一九三六年にアメリカ

に亡命した *Behemoth* という著書――近代工業社会における全体主義の経済的政治的根元を探り、ドイツにおける全体主義の台頭をもたらした歴史的条件の究明を試みた全体主義研究の先駆的業績――で知られるフランツ・ノイマンの論文集、*The Democratic and the Authoritarian State*, 1957 所収の論文、たとえば“The Concept of Political Freedom”などに見られる。ちなみにこの論文集は著者の死後出版であるが、編纂と序文執筆に当たったのは、一九六〇年代から七〇年代にかけて日本でも一時よく読まれたヘルベルト・マルクーゼである。このフランツ・ノイマンの論文集については、ウォーリンがアメリカ政治学会の機関誌 *American Political Science Review* 一九六〇年三月号に高い評価を与えた書評を掲載している。ウォーリンには、F・ノイマンの「疎外」概念の影響が感じられる。）

ウォーリンは、アメリカの市民にとって政府というものが、あたかも外国のごとき存在になっていて、強大な全権大使（すなわち様々な組織的利益の代弁者）を通じてのみ接触可能な存在になっている兆候を認識しているわけです。つまり市民の「異邦人」化です。

これは、彼の言葉を使えば、アメリカの collective identity（集団的同一性）の表現形式の変化（歴史的な「憲法体制」〈Constitution〉から空間・時間を超えた非歴史的な「社会システム」への変化）として表れており、ここに政治的疎外の兆候が見られるのです。それはアメリカの政治社会の統治者と被統治者との共同性が非常に希薄化していることの表れであり、これをウォーリンはアメリカにおける政治社会の解体の予兆として捉えているわけです。

これが一九七八年当時のウォーリンのアメリカについての政治診断であったわけですが、私が当時それを読んで感じたのは、アメリカについてウォーリンが指摘しているような政治社会の没落というものは、アメリカよりもむしろ日本の当時の状況をよりよく説明しているのではないか、ということだったのです。

では、政治社会の解体というのは何を意味するのかということですが、私は、やはりアメリカの政治学者であったセバスティアン・デ・グレイジアの著書 *Political Community* の中の、政治社会が解体するときに一体何が変わっていくのかという分析を参照したのです。グレイジアはこれをアノミー(anomie, 脱規範状態)という概念で説明しました。

グレイジアは、政治社会を成り立たせているのは、彼の言葉を使えば、ビリーフ・システムズ(信条体系)であるとしています。この信条体系が解体すること、これがアノミーという状況として現れるのです。それが政治社会の解体の意味であり、政治社会の解体の兆候は、信条体系の解体の顕在化なのだと分析したのです。

つまり、政治社会においては市民と政府との間にコミュニケーションが成り立っている。逆にいえば、政治社会というものは、市民と政府との間にコミュニケーションが成り立たないと機能しないのです。ですから、政治社会が成立するためには、市民相互の間はもちろんですが、市民と政府との間にコミュニケーションが行われなくてはならないのです。ポリティカル・コミュニティはポリティカル・コミュニケーションによって成り立つわけです。そしてこのコミュニケーションは、共通の信条体系というものがあってはじめて政府と市民との間で成り立つのです。これが政治社会を支える政治的共同性、公共性というものの観念の根拠なのだと私は見たわけです。

二　自由の概念の変質

以上は一九七八年時点での私の分析ですが、ふりかえってみると、その五年前の一九七三年に第一次石油危機が起きて、その翌年の一九七九年に第二次石油危機が起きました。それによって、石油をエネルギー資源とする戦後の日本の経済成長にかげりが見えてきて、将来をどうするかという、それこそ今原発をめぐって議論されているようなエネルギー資源を将来何に求めるべきかという議論が盛んに行われました。

その時に政治社会の変容の兆候として見えたのは、石油危機を背景として政治が規範の拘束を脱し、利益政治化している、政治問題が規範によってではなく、もっぱら便宜の観点から処理されつつある、政治社会が一種の利益社会へ転化している、ということでした。

もちろん、政治社会も組織的利益と無関係ではありません。しかし、政治社会というものは利益社会とは違う、利益社会を超える何かを持たなければならないと私は考えたのです。にもかかわらず、利益社会（その典型が株式会社）というものをモデルにして政治社会が再形成されつつある。そういう傾向が見られると、当時、私は判断したわけです。

そのような日本の政治社会の変化と並行して、中国においても当時政治社会の変化が起こりつつありました。一九七八年はそれを象徴する年であったように思います。すなわち中国共産党においては、この年を画期として政治的復権を遂げた副首相鄧小平のリーダーシップが確立され、「改革開放」路線が党の路線として正統性を獲得したのです。それは事実として、日本をモデルとする政治社会の利益社会化を中国において推進したと見ることができるのではないかと思われます。そしてそのことが日本における政治社会の変化＝利益社会化を一層促進したのではないかというのが私の仮説です。

一九七八年当時の日本は一二月の大平正芳内閣成立まで福田赳夫内閣の下にありましたが、福田赳夫内閣の下で八月一二日に日中平和友好条約を締結しました。そして福田首相は日中平和友好条約調印の三日後の八月一五日に内閣総理大臣の名において靖国神社参拝を行ったのです。これに対して、当時中国政府は何らの反対の意思表示も行いませんでした。靖国神社のA級戦犯合祀が行われたのも、この年の一〇月一七日のことであります。翌年四月一九日にこの事実が明らかとなりました。ちょうどそれと前後して一九七八年一〇月二二日に鄧小平は日中平和友好条約批准書交換のために黄華外相と共に来日し、福田首相との会談において、日米安保条約を容認し日本の防衛力増強に理解を示す旨の発言を行いました。在日中鄧小平は田中角栄邸を訪問したり、新幹線に試乗したりしました。要するに鄧小平のイニシアティヴによって行われた日本をモデルとする中国の「改革開放」路線が日本においては自民党一党優位を一層強固なものにするとともに、日本の政治社会の変化＝利益社会化の促進要因の一つとなったと見ることもできるかもしれません。

では、そうした政治社会の解体の兆候はどういう点に表れているかということですが、政治社会を支える自由の概念というものが、どうも変質してきているのではないかと考えたのです。

自由の概念については、ハンナ・アーレントの説を使ったのですが、政治社会が利益社会化してくると、ポリティカル・フリーダムの一種の私化（プライバタイゼーション）が進みます。自由の私化という状況が現れてくる。政治的自由がもっぱら個人的自由に転化していくのです。この点は、先に言及したF・ノイマンも"The Concept of Political Freedom"という論文の中で指摘している点です。自由が社会の共有物から、個人の私有物に転化していくということです。

すると、自由というものが市民一般の政治行動と結びつかないという意味での自由の非行動化が表れてきます。つまり、自由が政治から切断されて、政治からの自由という形で関連づけされてくる。その結果、政治の使命は、私化された自由の保護という点に力点が置かれるようになってくるのです。

当時、私はそれを政治社会の没落の一つの顕著な兆候として見たわけです。これが政治社会の利益社会化の現れです。政治社会を成り立たせている公共性の観念は、そうした私化された自由と対極をなすものと私は考えました。このような観点から、当時私は公共性の重要性を強調したのです。後に私が市民の司法参加の実現を主張し、政治制度として裁判員制度を導入することに関わった理由の一つは、ここにあります（『増補　政治制度としての陪審制——近代日本の司法権と政治——』東京大学出版会、二〇一三年を参照）。

三　政治社会に先立つ「文芸的公共性」の形成

次に「政治社会の没落」と捉えることのできる状況の変化に、どのように対応すべきかを考えます。その問題は、一つは日本の歴史における経験に照らして考えることができます。幕末維新について、日本がどのようにして幕藩体制下の老朽した政治社会から、曲がりなりにも新しい政治社会をつくったのかという問題について考えます。さらに敗戦後の日本が、新しい政治社会をどういうふうにつくっていったのかという問題に思いを馳せることもできます。

ひとつの政治社会がつくられるためには、政治的公共性の観念の前提となるものが必要です。その前提とは何かというと、幕末維新期においては、ドイツの社会学者ユルゲン・ハーバーマスが指摘した「文芸的公共性」(die literarische Öffentlichkeit) なのです（本書Ⅰ-5を参照）。「文芸的公共性」というものは非政治的です。ですから、そうした非政治的な公共性の形態が政治と結びつくとは、誰も思いませんでした。しかしハーバーマスは非政治的な公共性の観念がまず形成されて、それを媒介にして政治的公共性、つまり政治社会を支える信条体系というものがつくり上げられていくのではないかと考えたのです。私はこの考えは日本にも適用可能なのではないかと考えたのです。

私が想い起こしたのは、森鷗外の「史伝」といわれる一連の作品です。『人は時代といかに向き合うか』に収めた「森鷗外の歴史認識――江戸時代観と同時代観――」では、森鷗外の一連の史伝といわれる作品を取り上げました。なぜかというと、森鷗外の史伝には、期せずして、日本における「文芸的公共性」がどのようにしてつくり上げられてきたのかということについての考察があると考えたからなのです。

森鷗外自身は、「文芸的公共性」の形成を追跡するために史伝を書いたわけではありません。しかし、今日の目で史伝を読むと、幕末維新期にかけて全国各地にできたさまざまな必ずしも知名度が高いとはいえない知的共同体を通して、ちょうどヨーロッパにおける「文芸的公共性」の形成と並行するような現象が、日本においても見られるのです。

ヨーロッパにおいては、「文芸的公共性」の形成があり、それを媒介にしてヨーロッパの政治社会というものがつくられていくわけです。それとほぼ並行して、幕末維新期の日本にも、全国各地に群生した知的共同体を媒介にして「文芸的公共性」がつくり上げられていきました。「渋江抽斎」、「伊沢蘭軒」、「北条霞亭」などの森鷗外の史伝は、われわれの今日の目で読むと、その形成過程を詳細に記しているのです。森鷗外の史伝は、そういう読み方ができるわけなのです。

森鷗外の史伝は発表された当時は「面白くない」と不評だったわけです。いま読んでも、面白いと思う人は多くはいないのではないですか。和辻哲郎は、森鷗外ともあろう人がなぜ、「渋江抽斎」などという歴史上あまり重要でもない人間を詳しく調べて書いたのか、子孫のところに残っている資料を発掘するために非常な労苦を払ってまで、なぜ彼の人生を再現しようとしたのかと、鷗外の「文化学者としての本能」まで疑っています。

しかし私は、森鷗外の史伝は、実は幕末維新期の非常に重要な局面を掘り出しているのだと思うのです。森鷗外が、なぜ晩年に、そういう面白くもないことを、あれだけの労苦を払ってやったのか。やはり、何か感ずるものがあったはずなのですね。

森鷗外には、日本の文化の形成というものを見ていく場合に、あるいは日本の政治社会の形成というものを見ていく場合に、非常に重要なことを自分はやっているという感覚があったように思うのです。

幕末のさまざまの知的共同体の活動を通して顕在化した「文芸的公共性」、それが明治国家につながる政治的公共性の前提になっているのだと思います。そうした知的共同体を通じての「文芸的公共性」の形成が、新しい政治社会を生み出すコミュニケーションの回路をつくり出したのです。そのことが非常に重要なのです。コミュニケーションの内容は問題ではありません。そういう回路をつくり出すことが重要なのです。藩とか身分とか職業とかを超えた全国的なコミュニケーションの回路をつくり出す。その回路が、それこそ「文芸的公共性」という本来ヨーロッパでつくられた観念のひとつの実体的基礎になっていったのではないかと、私は解釈したのです。

先ほども申し上げたように、森鷗外の史伝は一般的には非常に不評で、それをほんとうに評価した人は少ないのです。そのなかで永井荷風は、森鷗外に非常に傾倒していましたから、「渋江抽斎」を文章として高く評価しました。それから後世の作家石川淳も、岩波文庫の『森鷗外』所収のエッセーの中で史伝を非常に高く評価しました。

それは卓見だと、私は思うのです。しかし、史伝の中でも「北条霞亭」という作品はなかなかの難物でしてね。私も七年前（二〇〇七年）に大病するまでは、「渋江抽斎」「伊沢蘭軒」は読んだけれども、特に「渋江抽斎」は何回も読んだけれども、「北条霞亭」はちょっと偏見もあって読まなかったのです。

けれども、入院しているときに病室に持ち込んで読んだら、「これはなかなか大変なものだ」と思うようになりました。病院での食事のメニューを記した紙の裏にメモを取りながら読みました。「ゾルゲ事件」で死刑判決を受けた尾崎秀実は獄中で「北条霞亭」を読み、深い感銘を受けたことを妻子宛の獄中からの書簡の中で書いています（今井清一編『新編　愛情はふる星のごとく』岩波現代文庫、二〇〇三年）。作家宇野浩二は、戦後そのことを知り、「鷗外の小説――最高級の小説――」（『鷗外全集』第四巻・月報2、岩波書店、一九五一年七月）というエッセーで尾崎の文学鑑賞眼に敬意を表しています。石川淳は「北条霞亭」の文学的価値は「渋江抽斎」や「伊沢蘭軒」に比べるとそれほど高く評価していませんが、私は、少なくとも日本における「文芸的公共性」の形成過程を見る上で「北条霞亭」は非常に重要だと感じたのです。

そういう意味で、森鷗外の史伝は、日本における政治社会の形成、つまり政治社会を支えるコミュニケーションの回路というものがどのようにしてできたのかということを見る上では非常に役に立つものです。私自身は、長期入院したのを機会に「北条霞亭」を精読し、「文芸的公共性」から政治的公共性というものがどのようにしてつくられるのかということを本格的に考えるようになったわけです。

戦後日本にも幕末維新期と似たような状況があって、新しい知的共同体が全国各地で群生したわけです。そして、それを媒介にして戦後日本の日本国憲法に象徴される新しい公共性が形成されたと私は見ているのです。

そういう意味で長い日本の歴史を通して形成された政治的公共性の観念には、それなりの基礎があるものだ、そういうものとして歴史的価値を見なくてはいけないのではないかと私は考えているわけです。今年（二〇一四年）六月に刊行された私の小品集『人は時代といかに向き合うか』は、拙いものではありますが、それに収められている「森鷗外の歴史認識――江戸時代観と同時代観――」は日本における政治的公共性の前提としての「文芸的公共性」の形成を論じた小品でありますので、お読みいただければ有難いと存じます。

四　集団的自衛権の問題の本質

冒頭でお話ししたように、いまの日本の政治社会が当面しているのは、政権の側は政権の側で今の日本の社会に対して政治的疎外感を持ち、市民の側は市民の側で今の政権に対して政治的疎外感を持っているという現実です。この二重の政治的疎外感によって、日本の政治社会は引き裂かれているという現実です。

ですから今の日本にとって非常に必要なのは、政治社会における国家と市民というものをいかに関係づけるかということです。それが、日本の政治社会の当面している非常に重要な問題ではないかと思うのです。

表現を換えますと、市民のもっている権利・利益と、レゾン・デタといわれる国家理性、それをどのように両立させるのか、それが現在の日本の政治社会を構成している政権および市民にとっての共通の大きな問題ではないかと私は考えています。

政権の側の問題は、今もっている政治的疎外感を自ら克服する必要があるということにあるのは言うまでもありませんが、それと同時に、市民にとっては、あらためて国家と市民とを関係づけて、市民の立場から政治社会の復権を図る、そのことが非常に重要な問題ではないかと思っています。

集団的自衛権が問題化したというのは、要するに戦後日本が形成してきた政治社会に内在する集団的同一性が不鮮明化している、いいかえれば政治社会のイメージが混濁していることの表れだと思います。集団的自衛権の問題というのは、そういう状況を反映しているのだと私は思うのです。

集団的自衛権の問題というのは、単なる日本の安全保障の問題というよりも、これによって日本の政治社会、つまり政治的疎外感によって分断された日本の政治社会を新たな立場から変えていこうという意図が政権の側にあり、そうした意図から出た問題意識の表れではないかと考えられるのです。日本の政治社会が置かれた国際的位置づけを変えることによって、いいかえれば日本の政治社会を日米を枢軸とする、いわゆる「国際社会」の中に新たに位置づけることによって、疎外感覚によって分断された日本の政治社会を変えようという意図の表れではないかと見るわけです。

しかし、政権の側が疎外感覚によって分断された政治社会を変えようとしているとしても、それでは目指す政治社会の明確なイメージがあるのかというと、必ずしもそうではありません。私が見るところでは、政治社会の明確なイメージなしに、不安にかられて現在の国際的無秩序（アナーキー）の中に身を投じようとする、そういう態度が表れているのではないかというふうに見えるのです。国際的な無秩序に身を投ずることによって秩序を無秩序に変えようとする、そういう衝動が私には感じられるのです。

そうだとすると、集団的自衛権の問題は単に安全保障環境の変化に応じた国家の安全の確保ということに、必ずしもとどまらないのではないか。つまり、日本の政権の側から見ると、日本の政治社会を変えようとする――そういうふうに自覚的に考えているかどうかはともかくとして――、そういう態度が私には感じられるのです。ですから問題は、日本の政治社会を国際的アナーキーの中にあえて投じようとすることの意味だろうと思います。私としては、そこに根本的な疑問を感ずる理由があるわけです。

五　歴史における同盟と戦争

集団的自衛権の問題に限っていいますと、日本は過去に日英同盟と日独伊三国同盟という二つの軍事同盟を経験しているわけです。そして過去の二つの同盟は、いずれも戦争の導火線になっているのです。これは否定することはできません。

日英同盟の場合には、同盟の参戦義務に基づいて日本は第一次世界大戦に参戦しました。具体的には、中国を舞台にして日独戦争を戦いました。

その時に、日独戦争それ自体よりも重要なことは、それが中国本土でおこなわれたということです。

そのことによって、中国との関係を非常に悪化させました。それが今日まで影響しているのです。一九一五年の対華二十一ヵ条要求は、その最たるものです。

このような日英同盟がもたらした歴史的な問題が、今日の日本ではあまり認識されていないように思うのです。しかし、だからこそ第一次世界大戦後、日本の側からではなくイギリスと特にアメリカが、日英同盟は廃止したほうがいいということを主張して、結局、これは消滅するのです。多国間条約を基本的枠組とするワシントン体制が日英同盟に代わるわけです。

そして、言うまでもないことですが、日独伊三国同盟は日米戦争の導火線になりました。これも否定できないことです。

要するに、日英同盟も日独伊三国同盟も、いずれも同盟が成立する時には、これによって戦争をしようなんていうことは、誰も言わなかったのです。

同盟というのは、基本的に抑止力（deterrent）の発想です。それはおそらく核戦略における核抑止力に由来していると思われます。日英同盟、日独伊三国同盟の当時、抑止力という言葉が使われたかどうかはともかくとして、同盟を結ぶにあたって戦争をするということは前提になっていなくて、今日いわゆる抑止力として想定されていたということが歴史の事実です。

それは確かなのですけれども、事実としては同盟が戦争の導火線となることによって、抑止力にはなりませんでした。これも否定することはできないのです。

では、日本の史上第三の同盟――これを軍事同盟というべきかどうか、私はかねてから疑問に思っているのですが（『人は時代といかに向き合うか』所収の「冷戦後の日本政治」を参照）――、今日「日米同盟」といわれるものは、戦争の導火線となった過去の二つの同盟とどこが違うのか。果たして「抑止力」は「抑止」機能を発揮しうるのか。これをはっきりさせる必要があります。

歴史に学ぶということは、そういうことなのです。過去の二つの同盟と今日の「日米同盟」とはどこが違うのか。これを説明することを、国民は政府や政府の周辺にいる専門家たちに対して求めるべきであると思うのです。歴史家としては、そういうふうに見るわけです。

なお大きな戦争へ導いた第二次世界大戦後の集団的自衛権行使の歴史的先例として、一九五〇年一〇月の中国の朝鮮戦争への軍事介入があります。中国はその前年一九四九年一〇月一日に中華人民共和国と中央人民政府の成立を宣言しましたが、一二月一六日、毛沢東はモスクワを訪問し、スターリンとの間の難航した交渉を経て、翌年二月一四日に中ソ友好同盟相互援助条約に調印するわけであります。そして六月二五日北朝鮮軍が北緯三八度線を越えて韓国に侵攻し、それに対抗して国連安保理決議を経て、米軍主導の国連軍の介入が始まり、その反転攻勢が強まると、中国はそれを中国本土への脅威と受け止め、一〇月二五日厖大な人民義勇軍を投入し、朝鮮戦争に参戦するのであります。中国はこれによって何十万とも百万ともいわれる巨大な人命の犠牲を払うわけでありますが、今日でもその死傷者数は確定されていないということであります。朝鮮戦争は中国にとっては、まさに中ソ同盟という軍事同盟に基づく集団的自衛権の行使であったわけでありまして、史上最も悲惨な事例であったというべきであります。ある中国の研究者によりますと、当時日中戦争や国共内戦後間もない中国においては、毛沢東とその側近を除いては、国内世論の大勢は参戦に否定的であったようであります（陳肇斌「中国市民と朝鮮戦争――『毛沢東の朝鮮戦争』の陰翳から――」『首都大学東京法学会雑誌』第五六巻第二号、二〇一六年一月、また「中国『知識分子』と朝鮮戦争――海外派兵・原爆・同盟・租税をめぐって――」同上、第五七巻第一号、二〇一六年七月）。厖大な人命の損失を伴った参戦が毛沢東の絶対的権力の確立に貢献したことは、疑う余地のないことであります。

六　政治社会の再建と特定秘密保護法

それからもう一つ、日米同盟と非常に密接に関係している法律として特定秘密保護法が昨年（二〇一三年）制定され、今年（二〇一四年）一二月一〇日から施行されました。この法律の最大の問題は、今まで私が指摘してきた、政治社会というものを成り立たせる自由なコミュニケーション、そして自由なコミュニケーションの権利、これに重大な障害を設けるおそれがあるということです。これは確かなのです。

しかし、自由なコミュニケーションなくしては政治社会は成り立ちません。二重の政治的疎外感によって亀裂が生じている現在の政治社会を再建していく場合に、特定秘密保護法という法律は自由なコミュニケーションを妨げるという意味で重大な障害になるのではないか。

幕末維新期においても、戦後日本においても、政治社会の再建は、やはり自由なコミュニケーションの発展から始まっています。先に申しましたように、「政治的公共性」の前提となる「文芸的公共性」は、自由なコミュニケーションによって生み出されるのです。ですから、自由なコミュニケーションに対して重大な障害をもたらすおそれのある特定秘密保護法は、やはり制定すべきではなかったというのが私の考えです。それは政治社会の基本前提に反します。

日本における政治社会をどういうふうにして再建していくか。これは市民の側も政権の側も等しく当面している問題だと思います。自由なコミュニケーションの可能性に制約を課するということは、日本の政治社会が当面している問題の解決のためにはよくないことだと私は思っているのです。

さらにいえば、特定秘密保護法は、もっぱら「特定秘密」の日本国内での漏洩を取り締まることを目的とするものですが、「特定秘密」の漏洩は日本国内に限られるものではありません。日本で「特定秘密」とされたものが外国ルートで、場合によっては同盟国のルートを通じて漏洩することは十分にありうることです。そのような事態に対して、日本政府当局はむしろ余りに無警戒ではないかと思います。たとえば戦前・戦中の国防保安法や軍機保護法の下で、日本の国家機密や軍事機密が流出したのは独伊のような同盟国のルートによる場合が少なくなかったのです。太平洋戦争中の連合艦隊司令長官山本五十六は当時のある書簡において、海軍の軍事機密が独伊のルートで海軍部外や外国に漏洩していることを慨嘆しています。一般論としていえば、機密は必ず漏れるものであり（戦前・戦中の軍事警察組織を掌握していた東条英機麾下《きか》の辣腕をうたわれたある憲兵将校からおこなったヒアリングによれば）、そのことを当然の前提として法律の運用に当たらない限り法律の効果は期待できないように思います。

七　敵と味方の区別を前提にした政治の危険性

付言しますと、これは民主的な政治社会においては特にそうなのですが、政治社会というものをどうやって統合していくのか、という問題があります。

そうした統合的な要素を考える場合に、一つはもちろん自由であるとか正義であるとか、そういった積極的理念的な目的価値による統合ということが非常に重要だと思うのですが、それと同時に、政治社会の有効な統合手段としてしばしば指摘されるのは、敵に対する恐怖を掻き立てることです。

つまり、あえて味方に対して敵というものを設定して、それによって政治社会の求心力を高める。敵に対する恐怖、物理的に抹殺せねばならない敵の存在というものを前提にして政治社会を再形成していくという、そういう方法があるのです。

そのように、敵と味方との峻別を前提とした政治を導入すること、これが政治社会の健全性を損なう、最も警戒すべきことなのです。

一九三二年にカール・シュミットというドイツの法学者・政治学者が『政治的なものの概念』という有名な書物を公刊したのですが、その中でシュミットが強調した政治の概念はまさにそれだったのです。要するに政治というのは敵と友との関係なのだ、だから敵と友との区別というものを前提にした政治、これが政治の本質なのだということをカール・シュミットは言いました。シュミットの指摘は、一面では政治の実態に即したリアリスティックな洞察を含んでいます。しかしこの書物が出版された一九三二年というドイツにおけるナチス台頭期の政治状況においては、シュミットの政治概念は今日われわれが想像する以上に、ナチスの政治観そのものにつながっていたのです。

彼は当時、英米の政治学界や法学界にはほとんど影響を与えませんでしたが、日本には非常に大きな影響を与えた法学者・政治学者です。ナチス政権と一時かなり接近したことで、戦後の非ナチス化が進んだドイツにおいては、戦前のナチスとの関係が問題になり、孤立しましたが、日本の政治学者には戦後も大きな影響を与えました。

敵と友との区別を強調するシュミットの政治概念にあたかも誘導されるかのように、政治社会の求心力を高めるために、事実として、そちらの方向に現在の日本の政治は傾きつつあるのではないか。集団的自衛権の政治的問題性というのは、結局そういうことなのではないかと思うのです。敵と友とを峻別して、それを前提にして政治を展開していくという、そういう手法がとられつつあるのではないか。それが集団的自衛権を正当化する価値意識に端的に表れているのではないか。それを私は最も憂慮するわけです。もし仮に近い将来憲法改正のための国民投票が行われるというようなことになれば、友敵関係による政治社会の分裂は決定的となるでしょう。これは本来、政治社会を再建しようとする日本の向かうべき方向ではないというふうに、私は考えています。

そのように敵と友とを差別する政治をおこなうということになりますと、非常におそれるのは、民主制というものが変質していって、だんだんと独裁制への傾向を強めていくことになるのではないかということです。そのような傾向が現在いろいろな分野でシヴィリアン・コントロールを受け入れない「専門家支配」、特定政治家の是認する「専門家支配」という形で顕在化しつつあるのではないかという疑問を私は持っています。

つまり、政治社会が自由の要素を放棄して、ある一定の信条を受け入れないものは敵視する、あるいは悪として追放する、そういう可能性が出てくるかもしれない。それを私は非常におそれているのです。そうした意味では、昨今問題となっている「ヘイトスピーチ」は集団的自衛権の主張と必ずしも無関係とはいえないように思います。

敵の存在を強調し、敵に対する恐怖あるいは憎悪を政治社会の統合手段にする。集団的自衛権はまさにそういう可能性をはらんでいるわけです。私はそれを、自由な政治社会の再建という観点からおそれているということを申し上げたいと思います。

むすび——政治社会は悪に対していかに対処すべきか

確かに悪は存在し、自由と正義を求める政治社会がそのような悪と非妥協的に敵対せざるを得ない場合もあることは否定できません。その場合、政治社会は悪に対していかに対処すべきでしょうか。もちろん戦術的あるいは戦略的見地からはいろいろな方法があるでしょう。そのような戦術的あるいは戦略的方法論の問題は具体的な状況に応じて論ずべきことであります。ここでは具体的な状況を超えた一般的な見地から、この問題を考えてみたいと思います。

トルストイの作品に「イワンのばか」その他の民話集があります。岩波文庫の中に『トルストイ民話集　イワンのばか　他八篇』という題名で中村白葉訳の九篇の民話が収められています。その中に私に強い読後感を残した作品として「洗礼《なづけ》の子」という小品があります。その冒頭に新約聖書からの二つの引用が掲げられています。中村白葉訳の引用をそのまま掲げると次のようなものです。

「目には目を、歯には歯をといえることあるは、汝らの聞きしところなり、されどわれ汝らに告げん、悪に抗することなかれ（悪しき者にてむかうな）……（マタイ伝第五章第三十八、三十九章）

（主いい給う）復讐（する）はわれにあり、われこれを報いん。（ロマ書第十二章第十九節）」

以上の新約聖書からの引用が「洗礼の子」という小品に込められたトルストイの根本思想を伝えているといってよいと思います。

さらにそれを敷衍しているのが長い旅に出た「洗礼の子」がその苛酷な体験を通して得た次のような認識です。《今こそわしは、悪は悪のためにふえるものだということがわかった。人が悪を追いまわせば追いまわすほど、悪はますますふえひろがる。つまり、悪でもって悪をとりのけることは、できないのだ。……》

「悪でもって悪をとりのけることは、できないのだ」というトルストイの命題は、要するに「抑止力」のような必要悪の観念の否定を意味するものであります。それはトルストイが歴史認識の蓄積としての聖書から得た真理であり、聖書的リアリズムの極致を表現したものと考えます。

2 南原繁と国際政治
――学問的立場と現実的立場――

はじめに

はじめに僭越とは存じますが、本題として取り上げる南原繁先生と私自身との個人的な関わり合いについて、まず簡単に触れさせていただきます。そのことは、年代も専門も異にする私がなぜ南原先生に対して関心（特に学問的関心）を持つにいたったかについて、その一端を説明することになるかと思うからであります。私はもちろん南原教授や南原総長を直接に知る世代には属しません。私が南原先生の形影に初めて接したのは、映画館のスクリーンを通してでありました。それは一九五一（昭和二六）年一二月任期満了によって東大総長を退任した南原先生と学生たちとの惜別の光景を映し出した当時のニュース映画の一齣でありました。当時私は岡山市在住の中学生でありました。もちろん南原先生の学問的業績については全く知るところはありませんでしたが、ただ通っていた中学校の図書室に所蔵されていた歌集『形相』や追悼文集『母』は手に取って見た記憶があります。後年私が研究者として師事した岡義武教授は、南原先生の最初の講義を聴講した学生でありました。要するに南原先生は当初私にとって、あらゆる点で遥かに遠く隔たった存在でありました。

しかし私はニュース映画の中の先生の形影に接してから一〇年余り後、先生と専門の近い研究者（日本政治外交史を専門とする政治学者）になり、先生からはさまざまの機会に直接お話を伺うことができるようになりました。私が先生の学問に強い関心をもつようになったのも、むしろ晩年の先生との直接の対話の機会に恵まれたことによるところが大きいのです。私は学部学生当時、既に古典的名著として揺るぎない評価の定まっていた先生の『国家と宗教』は読んでいましたが、おそらくそれだけでは先生の学問の全体構造をとらえようとするまでの意欲は触発されなかったのではないかと思います。私にとっては、南原先生は教室で教えを受けた「先生」ではありませんでしたが、直接の対話を通して教えを受けた「先生」でありました。したがって「先生」の尊称を南原先生に対して付さないことは、私自身にとっては少なからぬ抵抗感や違和感があります。しかし本日は、先生の学問や思想、さらにそれらに基づく行動について客観的にお話しする機会でありますので、あえて「先生」の尊称は付さないことにさせていただきます。南原先生との個人的対話や、それから生まれた先生の同時代との関わり合いに対する私自身の関心については、今から四〇年前（一九七三年）に書いた小文「南原先生とその時代」（『南原繁著作集』第五巻・月報9、岩波書店、一九七三年七月、拙著『人は時代といかに向き合うか』東京大学出版会、二〇一四年所収）にその一端が描かれています。

〔この講演を行った後、二〇一三年一二月に私は南原先生の先師である元東京帝国大学総長小野塚喜平次先生について、小野塚先生の出身地新潟のテレビ局の要請により語る機会がありました。思い返すと、それから五〇年前南原先生は同門の蠟山政道、矢部貞治両先生と共に、『小野塚喜平次　人と業績』(岩波書店、一九六三年一〇月)を上梓されたのです。私は当時南原先生のご依頼を受け、同書の巻末に付する小野塚先生の「年譜」を作成しました。同書の校正刷を読み、詳細なメモを取り、「年譜」の原稿を作成したのを記憶しています。南原先生から私に贈られた同書には、その表紙の見開きの左ページに「南原繁　三谷太一郎君恵存、一九六三、一一、一九」という献辞が墨書で記されています。私にとっては、半世紀を遡る南原先生との交渉の記念であります」。

一　第一次世界大戦後における国際政治学への関心の増大

それでは本題に入ります。南原繁の「国際政治」への学問的関心は、第一次世界大戦後、ちょうど南原の学問的生涯の始まりと共に始まったといってよいと思います。その時期は、第一次世界大戦期からその戦後期にかけての「国際政治」そのものの構造的変動期でありました。つまり一九世紀から第一次世界大戦にかけての英国の覇権の下での国際政治体制(パックス・ブリタニカ Pax Britannica)から、第二次世界大戦において確立される米ソの二極的覇権の下での国際政治体制(パックス・ルッソ・アメリカーナ Pax Russo-Americana)への過渡期(国際的覇権の移行期)でありました。こうした国際政治における英国の覇権の凋落に伴って生じたのが、やがて英国の覇権を継承することになる米国やソ連を含めた国際政治の多極化でありました。当時の日本もそのような国際政治の多極化の有力な促進要因であリました。

第一次世界大戦後、将来の世界の動向に大きな影響を与える大規模な国際会議が相次いで開かれ、複数の参加国による政治的、経済的、および軍事的な国際レジームの枠組が形成されたのも、以上に述べたような国際政治の多極化への国際社会の対応の結果であったといえましょう。パリ平和会議の結果としてのヨーロッパ中心の国際連盟を基軸とするヴェルサイユ体制、米国で開催された空前の大規模な国際会議であり、英語が初めて公用語として採用されたワシントン会議において締結された軍事・外交・経済に及ぶ多国間条約を基本的枠組とするワシントン体制、さらにワシントン会議と踵《きびす》を接して開催されたジェノヴァ会議において打ち出された金為替本位制を根幹とする国際金融体制等がそれであり、それらは論理的現実的に連関していたのであります。こうした形で戦後国際体制が成立したのであります。それは、国際政治の多極化の現実に対応する多国間条約が根幹となっていたところにその基本的特徴があります。そしてそれは同時に軍縮条約が中心となっていたところにもう一つの基本的特徴があります。要するに国際関係が第一次世界大戦以前の日英同盟のような二国間軍事同盟（ないし日露協商のような準軍事同盟）関係中心から、第一次世界大戦後の多国間軍縮条約中心へと移行したのであります。すなわち第一次世界大戦後のパックス・ブリタニカ衰退後の国際政治の多極化と非軍事化とが重なり合い、多国間の軍縮条約が第一次世界大戦後の国際関係の基軸となったのであります。そしてそれに伴って、国際社会の組織化が進行したといえましょう。

第一次世界大戦後、国際関係の非軍事化への志向が増大したのは、第一次世界大戦を通して、ドイツ帝国やロシア帝国のような軍事大国が外側からではなく、内側からの衝撃（革命）によって崩壊したことによるところが大きいと思います。そのことが戦後世界における軍事力への信仰を決定的に低下させたと思います。戦後に不戦条約が多国間条約として締結されたのは、その象徴でありました。日本も一九二八年八月に調印し、その批准の過程では批准の主体をめぐって、すなわち「in the names of their respective peoples（其の各自の人民の名に於て）」日本国天皇が戦争放棄を宣言するという字句が日本の国体に抵触するのではないかという疑義が条約を審議した天皇の諮問機関である枢密院において生じ、その問題をめぐって政府や枢密院の内外に論争・対立が生じましたが、結局「其の各自の人民の名に於て」という条約文中の字句は、「日本国に限り適用なきものと了解することを宣言す」という異例の留保を付した上で、日本は不戦条約を批准したのであります。これは、国家の政策の手段としての戦争を放棄すること、一切の国際紛争は平和的手段によってのみ処理又は解決することを締結国相互間に約束するという内容のものでありました。それは、日本では公式に「戦争抛棄ニ関スル条約」といわれたのです。当時その内容自体については、日本国内に大きな異論はありませんでした。

いうまでもなく、不戦条約は現行の日本国憲法第九条、特にその第一項「日本国民は、正義と秩序を基調とする国際平和を誠実に希求し、国権の発動たる戦争と、武力による威嚇又は武力の行使は、国際紛争を解決する手段としては、永久にこれを放棄する」という文言の歴史的先例となったのです。

第九条を含む現行憲法が公布された一九四六年一一月三日当時の首相吉田茂は、不戦条約が調印された一九二八年八月当時の田中義一首相兼外相の下で外務政務次官であった森恪《つとむ》とともに、田中外交を支えた外務事務次官（当時の外交の実務上の責任者）でありました。第九条（第一項のみならず、第二項を含めて）を導入した現行憲法に対して、首相兼外相として副署した当時の吉田には大きな抵抗感はなかったのではないかと思われます。このことは、憲法案の確定に先立って、貴族院憲法修正案特別委員会において行われた議員としての南原の第九条に関する質問に対して吉田が行った答弁（「戦争放棄という条項を特に憲法に掲げて、そうして世界に類例のない条項を憲法に掲げて、以て日本国家として平和を愛好し、平和に寄与せむと欲する希望及び抱負を憲法に明示致しますことによって、平和愛好の国民として世界にうったえるという気持もありますが、同時に自ら武力を撤して、そうして平和団体の先頭に立って平和を促進する、平和に寄与するという抱負を加えて、戦争放棄の条項を憲法に掲げた考えであるのでございます」）からもうかがわれるのであります。

なお南原は特にこの第九条第一項の「正義と秩序を基調とする国際平和」という字句（衆議院が第九条の政府原案に対する修正案として挿入した字句）を戦争放棄以上に重視しました。前掲の第九条に関する質問においても、南原は「正義にもとづいた平和確立、単なる現状維持の平和でなしに、正義を基礎に置いた新たな平和という意味に解してこそ、またそういうことを意図してこそ、これは重要なる意義を持つものと思うのであります」と述べています。これは、一方で南原が破綻した第一次世界大戦後の「平和」のあり方（ヴェルサイユ条約の結果に表れたような正義の基礎づけを欠いた「平和」のあり方）に対して批判的であったことを示しているとともに、後に述べますように、時代を超えた南原の国際政治理念を見る上において、極めて重要であると思います（以上『南原繁著作集』第九巻、岩波書店、一九七三年、九〇―九四頁)。

このような第一次世界大戦後の国際政治の変動に対応して、各国において政治学の新しい領域として国際政治学の必要が唱えられるにいたりました。もちろん日本も例外ではなかったのです。たとえば第一次世界大戦の戦後世代に属する気鋭の政治学者であった蠟山政道は、一九二五(大正一四)年に公刊された『政治学の任務と対象』(巌松堂書店、後に中公文庫、一九七九年)において、行政の分野における国際行政の発展に注目を促すとともに、彼が学生時代から傾倒していた先進の政治学者大山郁夫の問題意識(『政治の社会的基礎』)を踏襲し、「国際政治とその社会的基礎」を対象とする政治学、すなわち方法的にも領域的にも従来の国家政治学を超える新しい政治学の枠組を提示しました。それは国際社会そのものと国際社会を統合する国際政治組織を分析するための概念枠組であります。おそらく「国際社会」という概念が登場したのは、この時期でありましょう。蠟山は、それを「基礎社会」(「種族」、「民族」、「国民」から成る)と「派生社会」(「株式会社」、「学会」、「産業組合」、「労働組合」等から成る機能社会)とに分けて的確に分析しています。特に蠟山は、「国際社会」における「派生社会」の重要性を強調し、「派生社会は、……基礎社会と共に、否それにも優って国際社会の成立を可能ならしめまた発展せしむる有力なる客観的要素である」(『政治学の任務と対象』中公文庫、三八七頁)と指摘しています。要するに蠟山は、大山郁夫の国内政治への社会学的アプローチに倣って、国際政治への社会学的アプローチの可能性を模索しようとしたともいえるでしょう。それによって蠟山は同時代の国際行政を含む国際政治の現実を実証的にとらえようとしたのであります。これに対して、同時代の日本において全く対照的な国際政治への非実証的アプローチ（経験に先行する先験的理念的アプローチ）を試みたのが、一八九五（明治二八）年生まれの蠟山よりも六歳年長の晩学の政治学者南原繁でありました。

二　哲学による「国際政治学序説」

南原繁は一九二一年五月、それまで七年近く勤務した内務省を退官した後、東京帝国大学法学部助教授に任用され、同年八月ヨーロッパ（英独仏三国）留学に出発しました。当時南原の去就は、南原が内務省における起案者であった労働組合法案の採否の問題との関係で注目を集め、当時の新聞には「南原書記官愛想を尽かして憤然内務省を去る　骨抜きにされた労働組合法案　帝大の助教授として　コッソリ海外へ留学」という大々的な見出しの下に報じられたのです。その新聞記事には、「南原氏が帝大に去ることになつたのは同氏が魂を打込んだ労働組合法其他の労働立法の成行に関係があるのである。内務省の労働組合法案が農商務省案と対照されて社会に論議されていた当時、内務省のお膝許から内務省案は進歩し過ぎて居ると言ふ議論も起つて床次（竹二郎）内相から直接に起草者の南原氏に交渉があつた程だが、南原氏は強い信念を持して、内相の前にも一歩も譲らずに自説を主張した」（『東京朝日新聞』一九二一年八月七日夕刊）とあります。当該記事は大体において、真実を伝えていると考えます。南原起案の労働組合法案は内務省内の「新人物」によってつくられたと見られ、当時の「大正デモクラシー」運動を先導したリベラル（あるいはラディカル・リベラル）から強い支持を得たと見ることができます

（拙著『大正デモクラシー論――吉野作造の時代――』第三版、東京大学出版会、二〇一三年、一〇六頁）。

南原は一九二四年七月に帰国し、新設の政治学政治学史第二講座を担任することとなり、同年一一月から特別講義「国際政治学序説」を行うこととなりました。上記講座の本来の設置目的は、国際政治の研究と教育にあり、講座の将来の担任教授に予定されていた南原のヨーロッパ留学の目的もまた名目的には国際政治の研究にあったからであります。しかしヨーロッパ（特にベルリン大学）留学中、南原が最も努力を傾注したのは、三批判書をはじめとするカント哲学の研究であり、就中、その政治哲学の解明でありました。

そこで南原はカントの政治哲学をその国際政治論との関連において明らかにすることを特別講義「国際政治学序説」において試みたのであります。それが論文として結実したのが、一九二七年に発表された「カントに於ける国際政治の理念」（吉野作造編『小野塚教授在職二十五年記念　政治学研究』第一巻、岩波書店、一九二七年所収）であります。この論文は、それから一五年後太平洋戦争のさなかに刊行された著書『国家と宗教――ヨーロッパ精神史の研究――』（岩波書店、一九四二年）に「カントに於ける世界秩序の理念」と改題され、若干の修正が加えられた上で第三章として収録されましたが、その実質的内容に大きな変化は認められません。但し一九五八年の「改版の序」では「カントの世界秩序の組織原理に関して、著者の解明を幾分発展した」と記しています。その他最初の論文では、南原は「本稿はカント入門以来歳未だ浅き私のカント研究、否、カント解釈の序説である」という一行を注の末尾に付していましたが、『国家と宗教』第三章ではさすがにこれは削除しています。

この論文で南原がカントに即して提示したのは、政治上の「最高善」としての「永久平和」の理念とそれを追求する「世界政治秩序」の概念であります。南原はこのような政治上の「最高善」の概念を南原自身が「カントの道徳哲学における『最高善』の観念から展開したものである」(『政治哲学序説』一九七三年、『南原繁著作集』第五巻、前掲、一九七三年所収、四三七頁)と主張しています。南原が特にカントの『永遠平和のために』に展開された国際政治論に強い関心を寄せたのも、カントそのものへの学問的関心の他に、同時代の国際政治そのものの非軍事化の現実を背景として、「平和」の価値を織りこんだ独自の政治上の「最高善」の概念を提示しようとしたからであったと思われます。

カントが「最高善」の概念を明示しているのは、もっぱら道徳上の「最高善」の概念であります。すなわち道徳上の「最高善」における「徳と幸福」との関係についてであります。カントによれば、最高善の概念の中には、自分自身の「幸福」もまた含まれていますが、しかし最高善を促進するように指示されている意志を規定する根拠は、「幸福」ではなくて、道徳的法則であります。それだから道徳論は我々はどうすれば自分を幸福にするかということの教えではなくて、どうすれば幸福を受けるに値するようになるべきであるかということについての教えであります。道徳論は幸福の理性的条件を究明すればよいのであって、幸福を獲得する手段を論究するものではないからであります(波多野精一・宮本和吉・篠田英雄訳『実践理性批判』岩波文庫、一九七九年、二五九—二六〇頁)。

このようにカントの道徳上の「最高善」は「幸福」ではなくて、「徳と幸福との綜合」でありますが、南原によれば、政治上では「最高善」は「正義と安寧との綜合」であり、それが「永久平和」の理念なのであります。道徳上の「最高善」を構成する二つの要素のうち、第一の要素が「徳」であり、「幸福」があくまで「徳」に従属する第二の要素であるのと同様に、政治上の「最高善」においては、義務と法の概念に基づく先験的な形式的原理としての「正義」が経験的原理としての「安寧」に優先するのであります。こうして南原はカントと共に、「正義をして支配せしめよ、世界は滅ぶとも」という「正義」に殉ずる命題を奉じたのであります（『国家と宗教――ヨーロッパ精神史の研究――』、一九四二年、改版一九五八年、『南原繁著作集』第一巻、前掲、一九七二年所収、一四八―一五二頁〔岩波文庫、二〇一四年、一七七―一八三頁〕）。

ここで南原と同じように、国際関係のあるべき現実をもっぱら「正義」という理念に照らしてとらえようとした論者に着目したいと思います。それは南原の信仰上の師である内村鑑三であります。内村の日清戦争論（特に日清戦争初期の日清戦争論）には独自の正義論が見られます。

周知のように、内村は開戦時においては基督信徒の立場から、日清戦争を日本の「義戦」（a righteous war）と見ました。すなわち内村は非基督教国である日本の軍事行動に基督教的意味における「正義」を認めたのです。ちなみにカントもまたキリスト教道徳の他の道徳に卓絶した神の命令としての神聖性を認めていました（『実践理性批判』前掲、二五七―二五八頁）。カントは「我々は、道徳的に完全（神聖にして仁慈）であると同時に全能な意志によってのみ、従ってこのような意志と一致することによってのみ最高善――すなわち道徳的法則が我々の努力の対象となすことを我々の義務たらしめたところの最高善の達成を希望し得るからである」（同上、二五九頁）と書いています。内村にとっては、日清戦争は本来欧米の基督教国が率先して担うべき任務を非基督教国である日本が代わって行う戦争として意義づけられたのです。いいかえれば、それは非基督教国日本による十字軍的戦争として理解されたのです。だからこそ内村は率先して英文“Justification for the Korean War”（訳文「日清戦争の義」）によって欧米の基督教国に対して、日本の立場の正当化を試みたのです。

内村の場合、国際関係においては「平和」よりも「正義」が優先するという価値判断が前提されていました。逆に非戦論は「正義」よりも「利益」を優先していると見られていました。現に政権を担っていた（第二次）伊藤博文内閣は「戦争を非常に嫌ふ内閣」と見做され、「若し利慾にして吾人の最大目的ならん乎、戦争は吾人の最も避くべきもの、非戦争こそ最終最始の政略たるべきなり」というのが内村の理解でありました。いいかえれば、内村の「義戦」論は、国家の利益を超える（またそれに合致する「平和」をも超える）「正義」を最重要価値として強調したといえましょう。

日本の「正義」は、内村によれば、隣国朝鮮の宮廷に支配的影響力を及ぼす清国に対抗して、朝鮮の独立の擁護を目的として掲げたところにありました。そしてその目的のためには、朝鮮への内政干渉もまた「自由を愛し人権を尊重する」立場から許されると考えたのです。そして米国がかつて日本の開国を促進した役割を、今や日本が朝鮮に対して果たすべきことを主張し、「合衆国は始に吾人を文明の光輝に導きしもの恰も今日吾人が朝鮮を誘導しつゝあるが如し」と弁じたのです。

日清戦争当時の内村の言論には、西郷隆盛の征韓論の歴史的意義を強調したものが見られますが、それは内村が西郷の事例を日清戦争義戦論の先駆として評価したからでありましょう。内村が日清戦争を

"Korean war"（ないし"Corean war"）と呼んだのも、このことが内村の意識にあったのかもしれません。

戦争中に欧米読者を念頭において出版された英文著書 *Japan and the Japanese*（後に *Representative Men of Japan* として改版、日本語訳『代表的日本人』岩波文庫、一九九五年）は、「代表的日本人」として冒頭に西郷を掲げ、その征韓論が国家よりも、また単なる平和よりも正義を重視した結果であるという解釈を打ち出しています。

さらに日清戦争を理由づけたのは、内村独特の文明史観でありました。大国によって保護される旧い文明が小国によって担われる新しい文明と衝突し、小が大に勝利することによって人類の進歩の歴史が形成されるという文明の進歩史観であります。ギリシャとペルシャとの戦争、ローマとカルタゴとの戦争、英国とスペインとの戦争等はいずれもそれを裏づける歴史的実例であり、日清戦争もまたそれに他ならず、それは「摂理の声」とさえ意味づけられました。日本は「東洋の希臘」にして「十九世紀の希臘」に擬せられ、清国はペルシャ帝国に擬せられたのです。

しかしながら戦争が進展し、その結果が次第に顕在化して行くとともに、内村は自らの「義戦」論に対して疑いを深め、遂に全くこれを否定するにいたるのであります。遼東半島攻略作戦のために、第二軍が編成された当日の日付で発表された一文では、逆に東洋全体の立場から、戦争によって清国の独立が脅かされるにいたることを憂慮し、「日本の独立は朝鮮の独立を要するが如く朝鮮の独立は亦支那の独立を要す」と指摘するとともに、「屈辱を支那に加ふるを以て我出師の目的と做し、打撃彼れ頭を擡《もた》ぐる能はざるに至らざれば我事息《や》まずと為すが如きは……我を目するに敵国の弱に乗じて我の利慾を計るものとするものあるも我は之に答ふるの言なし」と述べ、戦争目的とその現実との乖離に対して、根本的疑問を呈したのであります。一旦は「正義」の観点から戦争を肯定した内村は、同じ観点から戦争を否定するにいたったのであります。

内村の戦争に対する否定的態度を一層強めたのは、戦争の文化的な実りなさであります。剣とペンとの矛盾であります。内村によれば、それは戦争自体の意味のなさの反映でありました。「日清戦争は義戦、人類の為の戦争、文明の為の戦争、東洋救済の為の戦争、……ワシントンの米国革命軍の如きものなりとすればこそ、吾人の心琴に天の美楽の触るゝありて高尚美厳の言語は出るなれ」と内村は言います。しかし「日清戦争始て大文学出でず、連戦連勝して大文学出でず、戦局を結んで大文学出でず、……大文学なきのみならず中文学なし、小文学なし」と内村は見るのです。「日本国は世界的精神を養はざりしなり、故に世界的大文学は彼より出でざりしなり」というのが、日清戦争を経た内村の結論でありました。

戦後五年目の年、内村は明確かつ全面的に日清戦争義戦論を否定し、次のように書きました。「一の高貴なる目的を有せざりし日清戦争の結果として、我が国に大文学の到底望むべからざるは戦争当時の余の宿論なりし、……高貴なる思想は高貴なる行動に伴ふて来るべきものなり、日清戦争は大軍艦を作つて大文学をつくらざりし、是れ其不義の戦争なりし十分なる証明なり」。

こうして内村は日清戦争義戦論を裏づけた進歩主義的文明史観を離脱します。日本のような新鋭の小国が清国のような旧大国に対して、「正義」の立場に立つとは必ずしもいえないのです。しかしアジア・太平洋戦争敗戦後、小学校の教科書に載せられた「デンマルク国の話」に見られるように、大国に対して小国を重視する価値観は、その後も内村はこれを堅持しました。そして敗戦後の逆境に置かれた小国日本の進路に光明を投げかけたのであります（なお一九二四年の米国における日本人移民排斥運動に際して、日本は米国のような大国よりも、オランダ、スイス、デンマークのような小国の行き方に学ぶべきことを改めて説いた内村の価値観については、「南原繁とその二人の師――戦後民主主義との関係において――」（拙著『学問は現実にいかに関わるか』東京大学出版会、二〇一三年所収、二〇三―二〇四頁）を参照してください）。また国家を超える正義への希求は、義戦論に代わる「戦争廃止論」となって将来につながったのであります（以上、「内村鑑三と日清戦争」（拙著『人は時代といかに向き合うか』前掲所収）を参照してください）。

既に述べたように、南原が国際政治において最も重んじた目的価値（および手段価値）は「正義」でありました。現行憲法第九条についても、南原が優先したのは「正義と秩序を基調とする国際平和」であって、単なる「戦争放棄」ではありませんでした。この点では、南原はその師内村と同じ立場に立っていました。

このように南原は内村と同じく、国際政治（否政治そのもの）を導く価値としての「正義」の優越を強調しながら、同時に政治上の最高善を構成するもう一つの要素である「安寧」の価値的重要性を無視しませんでした。そしてこれら二つの価値の関係を「政治における二律背反」としてとらえ、「両者は何らかの方法をもって同一概念に結合せられ、政治上の二律背反は解決せられなければならぬ」（『国家と宗教』前掲、一五二頁〔岩波文庫、一八二頁〕）と考えたのであります。南原が他ならぬ政治上の「最高善」としての「永久平和」という概念に逢着した所以はそこにありました。「『永久平和』は、政治が義務と法の原理によって規律せられ、これと調和するに人類の安寧・福祉の綜合せられたものとして、まさに実践理性の意欲の総体である」（同上〔同上〕）というのが南原の見解でありました。南原がカント哲学（特にその隠れた部分である政治哲学）に深く学びながら、自らカントの道徳上の「最高善」の概念に導かれて定立した政治上の「最高善」としての「永久平和」の理念こそ、自ら率先したアジア・太平洋戦争の終戦工作や戦後の全面講和論に表れた「現実的理想主義」の根源であったと私は考えます。

三　哲学的立場と政治的立場との関連

まず終戦工作について、それが南原の政治上の「最高善」の概念といかに関連しているかを見たいと思います。一九三〇年代から敗戦時にかけて、特に第二次世界大戦時において、南原はその政治的立場としては親英米でありました。特に同時代の諸国家の中では、英国国家において政治的価値が最もよく体現されていると見ました。ちょうど南原が古代ギリシャに近代哲学の原型を見出し、そこに体現された学問的真理の価値を高く評価しながら、「政治固有の価値の世界の開かれたのは、ギリシアではなく、むしろローマである」（『政治哲学序説』前掲、一二〇頁）と見たのと同じであります。

しかし他方で南原は哲学的には自由主義（あるいは自由民主主義）に対して厳しく批判的でありまし

た。もちろん南原の哲学的立場は、カントやフィヒテにおいて頂点に達したドイツ理想主義の正統を成す伝統でありました。そのことは、政治的立場と哲学的立場との矛盾として理解すべきではありません。むしろ当時の南原の政治的立場は、南原がカントに即して定立した政治上の最高善の理念(正義と結びついた平和の理念、すなわち「永久平和」の理念)によって決定されたと見るべきでありましょう。

英米側の政治的イデオロギーや個々の政策や、いわんやその国家利益の故ではなく、英米側がたまたま担っていた普遍的な「正義」の故に、南原は英米側に与したのであります。南原が『国家と宗教』第三章において、「国家が民族の共同体としてその倫理的目的が問われる場合には、必ずや正義の価値原理が立てられなければならず、そしてそれはひとり特殊の民族、特殊の国家のみでなく、超民族的・超国家的、したがってあまねく人類世界に妥当する規範でなければならない」(『国家と宗教』前掲、一九四頁〔岩波文庫、二二七頁〕)と書いたのは、「終戦工作」を意味づける文章表現として私は理解します。当然のことながら、この文章は一九二七年版論文にはありません。

敗戦は南原にとって「正義」(あるいは「正義」を伴った力)への屈服であって、積極的意味をもつものであり、日本において「正義」とその基盤として南原が意味づけた「国民共同体」を甦らせるためには、避けることのできない選択でありました。一九四五年三月以降、米軍の沖縄上陸作戦とドイツ降伏とを近い将来に予期して、三月九日に東大法学部長に就任した南原が他の六教授と協力して行った終戦工作は、天皇に近い重臣、政府当局者、政界有力者たちに対して、英米側に対する無条件降伏を勧告し、彼らを通して天皇を動かそうと試みたものでありましたが、それは南原にとっては敗戦の積極的意味への確信（つまり「正義」への確信）から出た行動でありました。このように南原にとって敗戦は英米の政治的イデオロギーやその国家利益を反映した政策そのものに対する屈服ではありませんでした。それらは敗戦後逆に、日本における「正義」実現の基盤としての「国民共同体」を擁護する立場から、批判されなければならなかったのです。南原が東大総長として、敗戦の翌年の二月一一日に安田講堂であえて「紀元節」の式典を行ったのは、決して旧いナショナリズムの復興を目的としたものではなく、将来に向けて「真の『国民的』なもの」を再創造することを目的として掲げることに理由がありました。「今日は紀元二千幾百年であるよりは、今を以って新たな紀元元年として出発すべきであると思う」（「新日本文化の創造——紀元節における演述——」『南原繁著作集』第七巻、前掲、一九七三年所収、二七頁）と南原は訴えたのです。以上に見たように、終戦工作はまさに正義と平和とを結びつけようとした南原の政治上の最高善（「永久平和」）の実現を意図した行動でありました。

同じ意図は南原の全面講和論とそれを追求した行動にも見ることができます。南原は吉田茂首相から「曲学阿世」と論難された全面講和論（中ソ両国を含む全交戦国との講和の主張）を提起しただけでなく、言論の責任を一身に引き受け、日ソ国交回復交渉開始とほとんど同時に日本学術視察団の一員として訪ソ・訪中し、中ソ政府要人たちと会談することによって、率先して「全面講和」の達成に努めたのであります。

「日米同盟」が自明の前提とされている今日、全面講和論の歴史的意義についてはほとんど触れられることはなく、むしろそれが無意義であったと断ぜられることが少なくないのですが、吉田が南原を論難した当時、吉田の側近の中にさえ、全面講和論の政治的意義を指摘する意見がありました。当時吉田の政治的後見人といわれていた戦前の政党政治家古島一雄（かつての犬養毅首相側近）は、吉田の非難が新聞に大きく報道された翌朝、首相官邸に出向き、「講和は、たとえ現実には単独講和に追いこまれるにせよ、日本の世論は全面講和論で沸騰していなければならんのだ」（新名丈夫「戦後史の現場検証㉙」『週刊読書人』第六三八号、一九六六年八月一五日、南原繁『南原繁対話――民族と教育――』東京大学出版会、一九六六年、二〇二頁）と主張したといわれています。

古島は明治期に不平等条約改正運動に携わったかつての青年活動家であり、当時全面対等条約案を掲げ、部分的修正案（いわゆる半面対等条約案）によって諸外国と妥協しようとしていた政府と対決した政治運動の体験を持っていました。そのような若き日の古島の全面対等条約を目標に掲げた条約改正運動の体験が全面講和論の政治的評価に反映していたと見ることができます。

日清戦争直前の第一次条約改正外交において、外務省通商局長として陸奥宗光外相を補佐し、それを成功させた原敬は成功の原因がそれまでの歴代内閣のように世論に背くことなく、また失敗を恐れることなく、全面対等条約案を正面に出して交渉したことであるという日記の記事（一八九五年八月二九日）を残しています（拙著『近代日本の戦争と政治』岩波人文書セレクション、二〇一〇年、三五頁）。

しかも全面講和論が事実として日ソ・日中国交回復を促進する役割を果たしたことは否定できません。後に南原は対ソ国交回復を「全面講和への一歩」（『日本の理想』一九六四年、『南原繁著作集』第九巻、前掲、一九七三年所収、一四八頁）と意味づけました。特に今日の日中関係の現状を見る時、かつての全面講和論の歴史的意義を再認識させられるのであります。南原が自らの主張に責任感を持ち、それを現実化するために努力し、その成果をもたらす道を準備したことは、政治上の最高善の実現を目指して、正義の理念を追求しながら、平和の現実をもたらそうとする「現実的理想主義者」としての南原の本質の表れであったといえましょう。

ところで南原の価値体系においては、「真」「善」「美」の諸価値がその実現を最終的には個人に託するのに対し、政治的価値である「正義」はその実現を共同体に託します。特に「国民共同体」およびそれを統合する国家は「正義」を実現する主導的役割を与えられます。

さらに国際政治秩序においても、国民共同体（ないし民族）は個人と人類との紐帯であって、「人は人類であるためにも先ず民族を生きなければならない」（『フィヒテの政治哲学』岩波書店、一九五九年、『南原繁著作集』第二巻、前掲、一九七三年所収、三六七頁）とされるのであります。南原はこのような「国民共同体」（ないし民族）の理念をフィヒテの政治哲学から学びました。南原によれば、カントに出発したフィヒテの「民族」概念は自由な個人を前提とする文化の共同体なのであり、「彼の基礎づけた民族主義は人間人格の自由と結合すると同時に、みずからの国民的限界を越えて全人類の普遍的政治組織の要請へと拡がっている」（同上、四一九頁）と意味づけられるのであります。南原はこのような正義の主体としての国民共同体の理念をその政治哲学の中心に据えるとともに、それを現実の中で追求しました。

一九五五年の南原のソ連訪問の重要な目的の一つは、それに関連しています。ソ連滞在の最後の日、先発した視察団一行を離れ、南原はモスクワから遠く隔たった日本人戦犯収容所を訪問しました。自動車で途中短い仮眠をとりながら、往路二〇時間、復路二四時間をかけて訪問したのです。当時同収容所に戦犯として収監されていたのは、山田乙三元関東軍司令官、後宮淳元支那派遣軍総参謀長ら、かつて日本陸軍の中枢にいた将軍たちであり、戦時下においては南原とは対極の立場にいた人々でありました。しかし南原はこれらの人々が問われている罪は、国民全体が共に負わなければならないと考えました。丸山眞男は「南原先生を師として」という南原への追悼講演の中で、「祖国の罪、祖国の過ちを自分の身に引受けて耐えるということ、これが先生の態度であったように私には思われます」（丸山眞男・福田歓一編『聞き書 南原繁回顧録』東京大学出版会、一九八九年、四五八頁）と述べています。それは南原の「国民共同体」の理念から導き出された結論であったというべきでありましょう。南原があえてソ連政府に要請して日本人戦犯収容所を訪問した動機は、南原独自の政治上の最高善に基づく「政治哲学」から発していると理解できます。「現実的理想主義者」としての南原の根源はそこにあるのではないかと思われます。

南原繁関係著作

（1）「南原先生とその時代」（『南原繁著作集』第五巻・月報9、岩波書店、一九七三年七月、三谷太一郎著『人は時代といかに向き合うか』東京大学出版会、二〇一四年所収）

（2）「南原繁をめぐる人々――『南原繁書簡集』によせて――」（『UP』第一七五号、一九八七年五月、同上拙著所収）

（3）「南原繁百歳」（丸山眞男・福田歓一編『聞き書 南原繁回顧録』東京大学出版会、一九八九年、三谷太一郎

著『近代日本の戦争と政治』岩波人文書セレクション、二〇一〇年所収）

（4）「南原繁とその二人の師――戦後民主主義との関係において――」（南原繁研究会編『初心を忘れたか――南原繁と戦後六〇年――』to be 出版、二〇〇六年、三谷太一郎著『学問は現実にいかに関わるか』東京大学出版会、二〇一三年所収）

（5）「実務家市民の観点から見た『南原繁の生涯』」（山口周三著『南原繁の生涯――信仰・思想・業績――』教文館、二〇一二年所収）

3　岡義武とドイツ・デモクラシーへの問題関心

明治大正期の農商務省の学究的な先進的官僚であり、日本最初の労働者保護立法である工場法を起草した岡実（一八七三〜一九三九、後年大阪毎日新聞社会長）を父に持つ岡義武（一九〇二〜一九九〇）は、旧制府立一中在校中から父の勧めでドイツ語の修得に努め、ドイツ語に親しんだ。おそらく岡義武にとって、ドイツ語は英語と並んで、あるいは英語以上に親しみを感ずる外国語であったかも知れない。旧制一高以来の親友であり、共に旧制一高において厳格無比の伝説的なドイツ語教授岩元禎《てい》の薫陶を受けた『ビルマの竪琴』の著者であるドイツ文学者竹山道雄は、岡のドイツ語学力を高く評価していたといわれる。一九二六（大正一五）年に東京帝国大学法学部政治学科を卒業した岡は研究者の道を志し、政治学講座の初代教授であった小野塚喜平次（一八七一〜一九四四、昭和戦前期の東京帝国大学総長）の指導に従い、専攻分野として政治史を選んだ。一九二四年に政治史講座の初代教授であった吉野作造（一八七八〜一九三三）が民俗学者柳田国男と共に、かつての夏目漱石と同じ活路を東京朝日新聞に求めて退職したため、その空席を埋める将来の教授候補者として岡が嘱目されたのである。その際まず近代ドイツを研究対象としたのは、ドイツ語に愛着を感じていた岡にとってきわめて自然であったというべきであろう。

岡が近代ドイツ政治史研究の問題として最初に強い関心を持ったのは、同時代の研究者にしばしば見られたようなドイツ帝国そのものの興隆ではなく、またドイツ帝国を牽引した帝国宰相ビスマルクの国内政治および外交の両面にわたる強力なリーダーシップでもなく、ドイツ帝国の傍流ともいうべき民主主義運動であった。岡は特にドイツ帝国における自由主義勢力がなぜ民主主義運動の主導力となりえなかったかを問題とした。いいかえれば、それはドイツ帝国においてなぜ自由民主主義が思想としても、政治勢力としても発展しえなかったかという問題でもあった。それが本書（岡義武『独逸デモクラシーの悲劇』文春学藝ライブラリー、二〇一五年）所収の岡の処女論文「環境に関聯して観たる十九世紀末独逸の民主主義運動」（一九二八年三月）の主題に他ならない。第一次世界大戦の戦後期、すなわち「大正デモクラシー」期を青年期として生きた岡にとって、そのような問題関心は当然でもあり、また必然でもあった。ドイツ近代（特にその民主主義運動）に対する問題関心は、日本近代（特に同時代の日本の政治）に対する問題関心と重なっていたのである。そのような岡の歴史に対する二重の問題関心は、学生として岡が聴講した吉野作造の政治史講義によって触発されたと見ることができよう。

森鷗外の史伝「伊沢蘭軒」には、雷名を世界に轟かせたビスマルクと僻陬《へきすう》に沈潜する無名学者伊沢蘭軒とをあえて対比し、両者の業績の価値的対等を弁じている部分がある。鷗外は蘭軒が侍医として仕えた備後福山藩主阿部正精《まさきよ》が足疾をもつ蘭軒に対して与えた格別の処遇、「公宴不陪朝不坐」（公宴に陪せず、朝に坐せず。蘭軒が藩主から江戸の藩邸内に一戸を与えられた際に詠んだ詩の一句）に因んで、次のようにビスマルクに言及したのである。

「阿部侯が宴を設けて群臣を召しても、独り蘭軒は趨《おもむ》くことを要せなかつた。わたくしはこれを読んでビスマルクの事を憶ひ起す。渠《かれ》は一切の燕席《えんせき》に列せざることを得た。わたくしは彼国《かのくに》に居つた（一八八四〜一八八八年—三谷注）が、いかなる公会に莅《のぞ》んでも、鉄血宰相（der Eiserne Kanzler, プロシャ首相として一八六二年九月三〇日にビスマルクが議会において行った有名な演説「現在の問題は演説や多数決……によってではなく、鉄と血によってのみ解決される」に因んだビスマルクの異名—三谷注）の面《おもて》を見ることを得なかつた。……渠は此の如くにして燮理《しょうり》の任を全うした。蘭軒は同一の自由を允《ゆる》されてゐて、此に由つて校讎《こうしゅう》の業に専《もつぱら》にした。人は或は此言を聞いて、比擬《ひぎ》の当らざるを嗤《わら》ふであらう。しかし新邦の興隆を謀るのも人間の一事業である。古典の保存を謀るのも亦人間の一事業である。ホオヘンツオルレルン家の名相に同情するも、阿部家の躄儒《へきじゅ》に同情するも、固よりわたくしの自由である。」

このように鷗外は埋もれた一考証学者の生涯の事業が誰知らぬ者もないビスマルクの政治的偉業と価値において対等である所以を昂然と主張しているのである。これは鷗外がその晩年を生きた「大正デモクラシー」期の基本的価値観の発露とも見られる。もちろん鷗外は政治的デモクラシーには懐疑的であり、批判的であったが、政治を含めた文化諸価値の相互の対等を信じていたのである。「大正デモクラシー」期の青年であった岡義武がビスマルクに代表されるドイツ帝国の政治の本流よりも、その傍流である民主主義運動に研究の力点を置いたのも、基本的価値観における鷗外との共通性を感じさせる。岡は、ドイツ帝国における世界最高の文明と「世界に於ける最も旧式な、非自由主義的な政治組織」

との併存を指摘した当時の著名なアメリカの政治学者F・A・オッグの一文を処女論文の冒頭に掲げ、「この一つの『逆説』的事実、それを顧慮しつつ私共が独逸の政治史を遡る時、そこに注意を惹く所の一つのことは、他の西欧諸国に於いては民主主義的理想実現の歴史的使命を負うていた所謂自由主義的勢力が、独逸の過去の歴史の如何なる時代をも決定的に支配しその政治組織の中に見るに足る成果を遺さなかったことである。……然らば何故に過去に於いてこの所謂自由主義的勢力が、独逸に於いてはしかく不振を極めたのであろうか」という問題を提起する。この問題をめぐる岡のドイツ民主主義運動の現実分析は、その政治的基盤がドイツ帝国そのものであったという歴史認識から出発する。ドイツ民主主義運動を担った政党勢力の拠点は、ドイツ帝国の不可欠の構成要素であるドイツ帝国議会であり、ドイツ民主主義運動はドイツ帝国議会が動員する世論によって支えられていた。いいかえればドイツ民主主義運動もまたドイツ帝国議会を成り立たせる有力な部分として、ドイツ帝国の支持勢力（岡の表現によれば「帝国擁護的気運」の推進勢力）であり、場合によってはビスマルク与党ともなりえたのである。

岡によれば、プロシャを中心とする新興の国民国家として生まれたドイツ帝国においては内外に有力な「反帝国的勢力」が存在し、それが帝国の統一を脅かしていた。中世以来の神聖ローマ帝国やローマ・カトリック教会を中心として形成されていたヨーロッパにおけるキリスト教共同体から分化し、近代的ナショナリズムの洗礼を受けて出現したドイツ帝国は、その国民国家としての組織原理の故に、さまざまの「反帝国的勢力」と闘わざるをえなかったのである。民主主義的勢力もまた国民国家としてのドイツ帝国を支持する立場から、「反帝国的勢力」と対立する「帝国擁護的勢力」の陣営に属していたのである。特に一八七一年から七七年にいたるビスマルク統治の「自由主義時代」といわれる前半期において、「帝国擁護的勢力」としての「民主主義的勢力」の特性は顕著であった。

ビスマルクが敵視した「反帝国的勢力」の最大勢力は、ローマ法王を奉ずるカトリック教会勢力(岡のいう「法王全権主義運動」)とそれを帝国議会において代表する中央党であった。中央党はビスマルク統治下の帝国議会において一貫して第一党ないし第二党を維持した有力政党であった。「法王全権主義運動」は単なる宗教的勢力の拡大を意図するものではなく、それを超えて政治的文化的影響力の拡大をも目的とするものであった。しかもそれは北部のプロシャを中心とするドイツ帝国の統一的支配に対して、固有の伝統と文化を有する南部の各邦をはじめ、プロシャそれ自体をも含む各邦それぞれの政治的独自性を主張する運動(岡のいう「邦権主義運動」)、さらに東部国境のポーランド民族や、普墺戦争や普仏戦争の結果としてドイツ帝国内に編入されることとなった諸少数民族の反帝国運動と、それぞれのカトリック信徒を通して結びつくこととなった。こうしたカトリック信徒を主力とする反帝国運動と対決し、ドイツ帝国の存立をかけて、その内部的統一を達成するためにビスマルクが強行したのが、いわゆる「文化闘争」であった。そして「帝国擁護的勢力」の一翼を成す民主主義的勢力は「文化闘争」においてビスマルクを支持し、それを推進したのである。

しかるに「帝国擁護的勢力」としてビスマルク与党の立場に終始することは、自由主義を奉ずる民主主義的勢力の本来の立場とは必ずしも常に両立するとは限らなかった。ドイツ帝国成立前のプロシャにおける民主主義運動の指導的勢力であったドイツ進歩党は、新民族国家の建設を支持するとともに、新民族国家における民主的政治組織の実現を標榜した。民族主義と民主主義との両立を信じたのである。しかしビスマルク主導による普墺戦争の勝利とその後のドイツ統一の進展は、民主主義に対する民族主義の優位の傾向を強め、ビスマルクと対立した進歩党は、民族主義を優先する多数派の国民自由党と少数派となった本来の進歩党とに分裂するのである。このような民主主義的勢力の分裂をもたらした民族主義と民主主義との二律背反は、ドイツ帝国成立後も解消されず、自由主義を奉ずる民主主義的勢力を凋落させたというのが岡の見解であった。

ビスマルクはその統治の保守主義時代といわれる後半期（一八七八～一八九〇年）において、対決すべき反帝国的勢力の標的をかつての「文化闘争」の対象たるカトリック勢力から社会主義運動へと転換し、特に帝国議会に勢力を持つ社会民主主義を敵視した。一八七八年五月に一社会主義者の皇帝襲撃事件が発生すると、ビスマルクはこれを奇貨として事件直後社会主義者鎮圧法案を起案し、これを帝国議会に提出した。同法案は「社会民主主義的諸目的を追究する」印刷物の公刊および頒布を禁止し、結社を禁止し、集会を禁止し、または解散せしめ、文書および演説を禁止し、これらの行為に関係した者を重刑をもって罰することを定めたものであり、しかも取締当局に広汎な裁量権を認めたものであった。したがって自由主義を奉ずる民主主義的諸政党は進歩党はもちろん、国民自由党もまたこれには反対し、法案は否決された。

ところがそれから九日後再び別の社会主義者による皇帝襲撃事件が起こり、皇帝は重傷を負った。この再度の異変に際して、ビスマルクは議会を解散し、社会主義者鎮圧法案の是非をもって選挙の争点とするとともに、これに反対し、法案を葬った進歩党および国民自由党（とくにその左派）を「帝国の敵」として糾弾した。選挙の結果は両党をはじめ、自由主義的な民主主義的勢力に大きな打撃を与え、かつて「文化闘争」においてビスマルクに同調し、ビスマルク与党として培った帝国擁護的勢力としての支持を失った。

ビスマルクは選挙後、否決された社会主義者鎮圧法案に修正を加え、それを議会に提出した。取締の対象を社会民主主義者、社会主義者、共産主義者の現存社会および国家組織の転覆を目的とする行為に限定する等、内容に若干の緩和は見られたものの、社会主義者を法の保護の外に置いた点では、前議会に提出した法案と同じであった。ところが法案の成否を左右する国民自由党は右派がイニシアティヴをとって態度を翻し、法案を支持した。民主主義的自由に対して、帝国の擁護を優先したのである。ビスマルク体制下のドイツの民主主義的勢力は、民族主義と民主主義との二律背反を脱することができなかったのである。

一八九〇年のビスマルク引退時において、かつての自由主義を奉じたドイツの民主主義運動は完全に凋落した。岡によれば、これ以後社会主義者鎮圧法の撤廃によって息を吹き返した社会民主党がドイツ民主主義運動の中心となっていくのである。この点を敷衍して、岡は次のように指摘している。「自由主義諸党（国民自由党や進歩党の後身ドイツ自由党など——三谷注）の凋落と社会民主党の擡頭……とは、民主主義運動の中心をも亦前者より後者へと移動せしめ、同運動は漸次社会民主党を中心に結成せらるる傾向を取った。一九一九年八月のワイマール憲法を中心とする独逸に於ける民主主義の『完成』が、この発展の結果であること（ライプニッツおよびヴォルフの啓蒙哲学が人間の理性的努力の目的として掲げた人間の性質および能力の発展と「完成」という概念を念頭に置いて書かれたと思われる比喩的表現——三谷注）、従って又それが所謂自由主義的勢力の手に依ってよりも、寧ろ社会民主党の力に依って齎《もたら》されたものであること、は周知の事実である。」

以上の指摘は、論文が発表された一九二八（昭和三）年三月当時、未だ同時代の現実として息づいていたワイマール共和国を、その旧体制に相当するドイツ帝国における民主主義運動の発展とその「完成」として意味づけたものであり、実証的根拠に基づく透徹した歴史認識というべきであろう。岡の論文は、一九二〇年代後半（大正末から昭和初頭）の日本において入手しうる限りのドイツ文献その他の外国文献に依拠しながら、独自の問題関心をもって、おそらく日本において初めてワイマール共和国成立の歴史的背景を政治史的角度から学問的に明らかにした先駆的意義をもつといえよう。

ワイマール共和国は、第一次世界大戦敗戦によるドイツ帝国の崩壊とともに始まった。岡はもちろんそれを単なる敗戦の結果ではなく、敗戦に伴う「革命」（いわゆるドイツ革命）の結果として見たが、同じ現実を敗戦国の国民として体験した当時のドイツの学問的代表者ともいうべきマックス・ウェーバー（一八六四〜一九二〇）は、それを名誉ある「革命」の結果として受けとめることには抵抗感をもった。ウェーバーは目前の事態を『革命』という誇らしげな名前で飾り立てられたこの乱痴気騒ぎ」と辛辣に表現し、それに呑みこまれた学生たちをはじめ、多くのドイツのインテリの精神態度を「むなしく消えていく『知的道化師のロマンティシズム』」と酷評している。そのような「革命」と目された事態へのシニシズムが一九一九年一月のウェーバーの有名な講演「職業としての政治」（引用は脇圭平訳『職業としての政治』岩波文庫による）で展開されたワイマール政治に対する冷徹な認識と批判を生んだと思われる。以下に岡の叙述をウェーバーの分析と重ねながら、「独逸デモクラシーの悲劇」の原因が何であったかを問いたい。

既に指摘したように、ワイマール共和国は、岡の研究が明確にドイツ帝国の「反帝国的勢力」として位置づけた社会民主党および中央党を中枢として成立した。これはドイツ帝国を否定した「革命」（ウェーバーのいうドイツ帝国の「崩壊」）の結果としてのワイマール共和国にとってまさに必然であった。岡の鋭い洞察によれば、ドイツ帝国における民主主義運動の中心は、凋落した自由主義的な民主主義的勢力（進歩党や国民自由党、さらにそれらを受け継いだドイツ自由党）から、ビスマルクが引退した一八九〇年以後台頭した社会民主党に移りつつあった。かつてのドイツ帝国における民主主義運動を源流とするワイマール共和国体制の中枢を社会民主党が占めたのは必然であり、またビスマルクがその統治の前半期において、最大の「反帝国的勢力」と見做し、「文化闘争」の対象としたローマ法王を奉ずるカトリック勢力の議会における代表者中央党が同じく体制の中枢を成したのも当然であった。

敗戦後のドイツは新しい共和国を発足させるに当たって、戦争末期から「革命」の推進力として全国的に拡大発展した労兵会（Räte, レーテ）の組織を権力基盤とするソヴィエト連邦の方式を採らず、主導権を握った社会民主党の方針によって議会主義的共和政を選択した。そのことはかつてドイツ帝国議会において社会民主党が「反帝国的勢力」であったにもかかわらず、議会政党としての役割を担った経験を有していたこと、さらに岡が指摘しているように、社会民主党が労兵会についてボルシェヴィキ政権に見られるような「少数者独裁のための機構となり得る危険性を孕んだもの」という見解を有していたことによると思われる。

一九一九年一月に行われた比例代表制による国民議会選挙は、新共和国が議会主義的共和政を採ったことを公示したものであった。選挙の翌月、国民議会が南ドイツのワイマールにおいて開会され、国民議会は大統領として社会民主党のエベルトを選任し、大統領は社会民主党のシャイデマンに組閣を要請した。ここに社会民主・中央・民主三党連立政権が成立したのである。それはかつての「反帝国的勢力」を主力とする政権であり、帝国議会に代わる国民議会によって正当化された政権であった。シャイデマン内閣は連合国による平和条約案を受諾すべきか否かをめぐって分裂し、退陣したが、その後継内閣となった社会民主党のバウアーを首相とする内閣の下で、同年七月新共和国憲法（いわゆるワイマール憲法）が議会において議定されたのである。バウアー首相は「新ドイツ憲法のごとくにデモクラシーの理想を完全に表現した憲法は世界のいずこにもこれを見出し得ない」と述べた。

こうして敗戦後のドイツは世界において最も先進的な憲法の下で議会制的共和政を採ったにもかかわらず、議会およびそれを動かす政党が権力の主体として十分に機能せず、したがって体制の求心力がきわめて弱かった。新共和国の議会制は体制の実践的部分としての内実を欠いていた。そのことは、ドイツ帝国の「外見的立憲制」の下での帝国議会から受け継いだ政治的遺産が貧しかったことをも意味する。

民主主義的リーダーを生み出すべき議会は、政治的才能を引きつける尊敬の対象となっておらず、信用も十分ではなかった。皇帝なき共和政ドイツにおいて、国民議会は皇帝に代わる体制の尊厳的部分ともなりえなかった（体制の実践的部分、尊厳的部分については本書I-6を参照）。ウェーバーが一九一九年一月、国民議会選挙の時点で問題としたのは、立ち上がろうとしていたドイツ議会制民主主義の現実と将来である。

ウェーバーは一九一九年一月のドイツの現状においては、前途には二つの選択肢しかないと考えた。一つは、アメリカにおいてリンカーンを出現させたマシーン（machine, リーダー選出の役割を担う政党幹部組織）のような機能を備えた政党組織、あるいは英国において選挙権の民主化に対応してジョセフ・チェンバレンが開発し、グラッドストンを登場させたコーカス（caucus, 政党の地方幹部会で候補者選出組織）を内蔵したような政党組織、要するにリーダーとリーダーを生む政党組織とが一体化して政治を動かす体制である。ウェーバーはそれを「指導者民主制」と名付けた。

これに対して、対極にあるのが「指導者なき民主制」である。ウェーバーはそれを「指導者の本質をなす内的・カリスマ的資質を持たぬ『職業政治家』の支配」と説明した。それはドイツのあらゆる政党の、派閥本能にとり憑かれた「名望家ギルド」としての実態に合致していた。ドイツの政党は概して「名望家ギルド」を超える指導者の出現に否定的であったのであり、その点ではドイツ政治の中心であり、世界観政党であった社会民主党や中央党もまたウェーバーの批判を免れなかったのである。ウェーバーによれば、「どちらも生まれながらの少数党」であり、「この二つの政党が議会制に背を向けていたという事実が、ドイツにおける議会主義を不可能にしたのである。」

こうしたドイツの政治の現状から、ウェーバーは「指導者なき民主制」をドイツが脱することができない可能性を指摘した。「現在のところドイツにはこれしかない。そして将来についても、少なくとも国家レヴェルでは、この現状の存続に有利である」と予測した。ウェーバーが「職業としての政治」において、政治家にとって重要な三つの資質（情熱・責任感・判断力）を説いたのは、「指導者なき民主制」に対置する反対命題としてであった。

ドイツにおいて議会制が民主制にふさわしいリーダーを生み出すことができないとすれば、民主制は誰にリーダーの役割を託すべきか。ウェーバーはその役割を共和国大統領に期待した。「大統領――議会によってではなく人民投票によって選ばれた――だけが、指導者に対する期待を満たす唯一の安全弁となるであろう」というのがウェーバーの予測であり、また期待であった。

事実において、岡が指摘しているように共和国大統領はしばしば危機におけるリーダーとして登場した。その際大統領が手にした政治的武器は、共和国憲法第四八条第二項に基づく大統領の緊急命令であった。それは憲法で保障された国民の基本的な自由権や所有権をもその全部または一部を停止しうるものであった。特に共和国末期のブリューニング内閣期における大統領の緊急命令の頻発について、岡は「議会に諮る時間的余裕がある場合においてさえも諸党間の意見不一致のためにこの緊急命令に頼らねばならないということは、共和国議会が国家の重大事態に関してこれを処理する能力を失いつつあることを意味するものに外ならない」と述べ、「ワイマール共和国が明白に政治的に破産しつつあることを示すものである」と断じた。

このようなブリューニング内閣以後の大統領の緊急命令の頻発とは逆に、議会立法件数は顕著に減少した。岡の指摘によれば、一九三一年には前者の四三件に対して後者は三五件、一九三二年には前者の五九件に対して後者はわずか五件を数えるにすぎない状態にまでいたった。議会はもはや立法府の実質をも喪失していたのである。

一九三三年一月ヒンデンブルク大統領の下で共和国宰相に就任したヒットラーは、直ちに議会を解散し、選挙戦に臨むとともに、共産党や社会民主党の選挙運動を封ずるために、共和国議会の建物放火や共産党本部捜索等の謀略工作を行い、併せて大統領を動かして憲法停止の措置を可能にする大統領の緊急命令を発しさせた。これによって共産党前議員の全員、社会民主党前議員の一部が逮捕され、共産党系および社会民主党系諸新聞が発行禁止処分に付された。このような大統領の緊急命令を手段とする未曽有の選挙干渉によって大勝したヒットラーは、一九三三年三月の議会に授権法（全権委任法）と呼ばれる全面的な委任立法権を政府に与える法案を提出し、可決した。これはあらゆる法律を政府単独の意思で立法しうることを定めたものであり、共和国憲法を改正する立法をも政府がなしうることを定めたものであった。これは、これまで繰り返し行使された大統領の緊急命令権の一時件・臨時性を払拭し、それを恒久化させたものであった。

ひるがえって考えれば、ナチの授権法成立は、出発当初からワイマール共和政に内在した「指導者なき民主制」が克服されることなく持続し、展開したことの結果であった。授権法によってワイマール共和国の政治の中枢を成した社会民主党は結社を禁止され、中央党もまたナチ政権の圧力によって解散に追いこまれた。そしてナチの一党支配が法律によって保障された。ヒットラーは法律によって共和国大統領と共和国宰相とを一身に合一した。いわゆる「指導者」（総統、フューラー）の出現である。かつてウェーバーがドイツの選択肢として提示した「指導者民主制」ではなく、「指導者独裁制」が確立されるにいたったのである。このように考えれば、「独逸デモクラシーの悲劇」の基因、少なくともその基因の一つは「指導者独裁制」に導いた「指導者なき民主制」にあったといえよう。岡義武の古典的名作は、そのことを確認させてくれるであろう。

岡義武は「独逸デモクラシーの悲劇」が起きた三年後、一九三六年五月に在外研究のためヨーロッパに赴いた。母国日本の首都東京においては、この年に勃発した二・二六事件に際して発せられた戒厳令が未だ解かれていなかった。同年二月二一日、前年の天皇機関説事件の余波を受けて、自宅において右翼テロリストに襲撃され、警察の監視下に置かれていた美濃部達吉は四月一九日付で岡に手紙を送り、「愈々《いよいよ》御出発の由御見送りも出来ないのは遺憾に存じます」と簡潔に近状を伝えるとともに、「今歴史の回転期に在るヨーロッパの実勢を御観察あらむことを希望します」と激励した（『岡義武ロンドン日記一九三六―一九三七』岩波書店所収）。ヨーロッパに渡る日本郵船の汽船白山丸（太平洋戦争中撃沈される）の同船者には、天皇機関説事件において美濃部の取調に当たった思想検事戸沢重雄や作家武者小路実篤らがいた。ヨーロッパにおいては、岡はもっぱら英国およびフランスに滞在し、あえてナチ支配下のドイツには赴かなかった。同年一一月二五日、ロンドンにおいて日独防共協定成立の新聞記事を読み、

「日本はどこへ行くのか？……瓦斯灯のともった暗い鋪道を歩きつつ、遠い祖国の運命を想って暗然とする」と日記に記した。岡が『独逸デモクラシーの悲劇』の第一稿（「ワイマール共和国の悲劇」）を書いたのは、ナチス・ドイツの崩壊と日本の敗戦の翌年であった。

4 福沢諭吉と丸山眞男
——日本近代の先導者と批判者——

はじめに——丸山眞男はなぜ福沢諭吉に関心を持ったか

福沢についての丸山の最初の論文は、「福沢諭吉の儒教批判」（『東京帝国大学学術大観　法学部・経済学部』一九四二年四月、『丸山眞男集』第二巻、岩波書店、一九九六年）である。これは紀元二千六百年記念事業として東京帝国大学法学部が企画した論文集に寄稿したものであり、それに先立って、近世日本における儒教思想史に関する二つの論文が完成された。そしてそれらは相次いで発表された。一九四〇（昭和一五）年二月〜五月に発表された「近世儒教の発展における徂徠学の特質並にその国学との関連」（同上、第一巻）およびそれに続いて一九四一年七月〜九月、一二月、一九四二年八月に分けて発表された「近世日本政治思想における『自然』と『作為』——制度観の対立としての——」（同上、第二巻）の二つの論文がそれである（『日本政治思想史研究』東京大学出版会、一九五二年、新装版一九八三年、第一章・第二章）。両論文は時間的にも内容的にも一九四二年四月に発表された福沢論と接続するものであった。幕藩体制の支配的イデオロギーであった儒教（朱子学）の内在的発展の追究を通して、その基本的な思考様式の解体過程を明らかにし、その中から自生的な（indigenous）日本の近代化の萌芽を探ろうとしたこれらの論文が、最も破壊的な儒教批判者であり、また最も前衛的な近代化論者であった福沢諭吉に行き着いたことは必然的であった。既にこれら二つの論文にはそれぞれ福沢への言及、ないし福沢からの引用が見られる。第一論文には儒教を生み出した古代中国の政治秩序と儒教を適応させた幕藩体制の身分秩序との社会類型としての相似性を指摘した箇所で福沢の「旧藩情」への言及が見られるし（同上、第一巻、一三二―一三三頁）、また第二論文には幕藩体制における学者の権力への従属性を指摘した『文明論之概略』（巻之五）からの引用も見られる（同上、第二巻、五頁）。丸山の福沢論それ自体が、日本近代化の自生的契機を重視する丸山独自の観点に由来するものであったといえよう。

丸山が興味を触発された先行の福沢論として、羽仁五郎著『白石・諭吉』（岩波書店、大教育家文庫七、一九三七年）がある。羽仁の福沢論が「（新井）白石によるいわゆる洋学の開拓及びいわゆる洋学にあらわれた学問的方法による我が近代の学問の学問的創建の努力乃至その挫折の後かのいわゆる蘭学派の苦難の進歩が漸く動かすべからざる成長を示し来つたものがあり、このいわゆる蘭学乃至洋学を中心とし封建思想に対抗して徐々に生長して来た近代思想の進歩を福沢諭吉が継承したこと」に「重大な意義」（同上、二六八頁）を認め、「西洋紀聞」や「采覧異言」に見られるように、鎖国体制の下で六代将軍家宣のブレーンとして幕府の中枢にあったにもかかわらず、例外的に開かれた対外意識を示した新井白石を源泉とする洋学の系譜の上に福沢を位置づけているのに対し（また福沢自身も新井白石を開国論の原点としているのに対し）、丸山の福沢論は、朱子学に対する革命的な反対命題（アンティテーゼ）を提示した荻生徂徠以降の日本の儒学の自己否定的な発展の上に、福沢を位置づけたところにその独自性がある。

なお日本近代化に対する丸山の観点を簡潔に説明した短編として、一九四六年一月に公表された「近代的思惟」(『丸山眞男集』第三巻、一九九五年、三―五頁) がある。それには対米英戦争の下で「近代の超克」が喧伝された日本の状況を一変させた敗戦後の日本の近代観について、次のように書かれている。

「我が国に於て近代的思惟は『超克』どころか、真に獲得されたことすらないと云う事実はかくて漸く何人の眼にも明かになった。……しかし他方に於て、過去の日本に近代思想の自生的成長が全く見られなかったという様な見解も決して正当とは云えない。斯うした『超克』説と正反対のいわば『無縁』説にとって現在の様な打ちひしがれた惨澹たる境涯は絶好の温床であるが、それは国民みずからの思想する力についての自信を喪失させ、結果に於て嘗ての近代思想即西欧思想という安易な等式化へ逆戻りする危険を包蔵している。こうした意味で、私は日本思想の近代化の解明のためには、明治時代もさる事ながら、徳川時代の思想史がもっと注目されて然るべきものと思う。しかもその際、儒教思想は封建イデオロギーで、蘭学やそれと結びついた自然科学思想が近代的だといった様な一刀両断の態度でなしに、儒教乃至国学思想の展開過程に於て隠微の裡に湧出しつつある近代性の泉源を探り当てることが大切なのである。思想的近代化が封建権力に対する華々しい反抗の形をとらずに、むしろ支配的社会意識の自己分解として進行し来ったところにこの国の著しい特殊性がある」(同上、四頁)。

丸山が戦後、既に葬り去られ、または忘れ去られたかに見えた明治二〇年代初頭の徳富蘇峰や陸羯南《くがかつなん》をあえてとり上げ、両者を思想史上に復活させる光を当てたのも、日本近代化の自生的契機に注目する丸山固有の問題意識に基づくものと見ることができる。

一 戦中の福沢論の背景

注目すべきことは、最初の福沢論の背景に「紀元二千六百年」（昭和一五年）当時の日中戦争下の日本の現実があったことである。すなわち丸山は日中戦争のさなかにあって、しかもその終結への見通しが全く立たない混迷の状況にあって、福沢の日清戦争論へ関心を向けた。第一次近衛（文麿）内閣の下で始まった日中戦争は、第二次近衛内閣の下で一九四一年には既に五年目に入り、近衛首相、軍部および国民の間には戦争の収拾に向けて強い焦燥感があった。

東条英機陸相は一九四一年一月四日の「年頭の訓示」において「百万の皇軍大陸に転戦して既に第五年であるが、平和を謳歌するの日は近き将来に予期することは出来ない」（『朝日新聞』一九四一年一月五日夕刊）という悲観的な見通しを示した。議会においては、一月二七日の衆議院予算委員会において近衛首相に対して次のような質疑が行われた。「支那事変を完遂するためには、政局の安定が第一である。然るに事変以来、内閣は第一次近衛内閣の更迭以来、幾度か更迭し、なかには僅々四ケ月余にして更迭した内閣もある。この政局の不安定が事変処理に悪影響を与へてゐる。……更にまた一触即発ともいふべき戦争の前夜にある。近衛首相は此重大なる時局に当り、政局の安定に対して、如何なる決意をもつてゐるか」（社会大衆党三宅正一議員、一九〇〇〜一九八二、農民運動指導者、戦後は日本社会党副委員長、衆議院副議長、新潟三区選出、同選挙区は当時無産政党の支持層が厚く、一九三六年二月の総選挙において社会大衆党から立候補した三宅は当選したが、戦後同選挙区の田中角栄の進出によって次第に支持層を失い、一九八〇年落選。引用は『朝日新聞』一九四一年一月六日による）。

実際に第一次近衛内閣期（一九三七年六月〜一九三九年一月）以後、平沼（騏一郎）内閣七ヵ月余、阿部（信行）内閣四ヵ月余、米内（光政）内閣六ヵ月のように、存続期間一年にも満たない短命政権が続いていた。いずれの政権もそれぞれを支える政治的基盤が脆弱であった。陸海軍がそれぞれ支持した阿部・米内両内閣の例に見られるように、陸海軍は政権を不安定化する要因ではあったが、長期にわたる政権の安定化要因とはなりえなかった。

その前年一九四〇年一〇月一二日、近衛を総裁とする大政翼賛会が発足したのは、近衛の意図に即していえば、それを基盤として日中戦争の終結を促進する政局の安定をもたらすことを最重要目的としていた。しかし大政翼賛会は既に三宅正一議員の質問が行われた時点において、その目的を達成するに足る政治勢力として成長する可能性を失っていた。その翌日（一九四一年一月二八日）の議会において、平沼内相は大政翼賛会違憲論や同ボルシェヴィキ論に対して、大政翼賛会は政治結社ではなく、政治活動を行わない公事結社であるという見解を明らかにした。それは大政翼賛会を新しい政治的求心力たらしめようとした近衛の意図を否認するものであった。近衛は先の三宅質問に対して次のように答弁した。

「支那事変は第一次近衛内閣の当時に勃発したのであります。爾来今年は第五年を迎へて居りなほ事変は解決の曙光を見ません。これは軍部の責任でもございません。誰の責任でもございません。全く私の責任でございます。既に巨億の国帑《こくど》を要し十万の将兵が既に大陸において骨を埋めたといふことは、上陛下に対し奉り、下国民に対し洵《まこと》に相すまぬと思つております。」

日中戦争終結に対する切迫した責任感が、当時の近衛にあったことは確かである。しかしその責任感に適合した国内的および対外的政治戦略は近衛にはなかったし、近衛以外の誰にもなかった。こうして日本は日中戦争において、意図せずして長期戦体制を組まざるをえなかったのである。同年一月八日の「陸軍始」に東条陸相が部内に下達した「戦陣訓」は、中国大陸における長期戦体制を支える現地陸軍の軍紀の崩壊（「南京虐殺事件」以後、陸軍中央が強い危機感をもった中国戦線における軍紀の崩壊）を防ぐ必要から作られたのである。島崎藤村なども、陸軍当局の依頼によって、その校閲に当ったことが明らかにされている（柳田泉・勝本清一郎・猪野謙二編『座談会　明治文学史』岩波書店、一九六一年、三五八―三六〇頁）。今日でも時々引用される「生きて虜囚の辱を受けず」という訓戒（中国戦線における「奔敵者」〈敵軍に走る者〉の増加への対応）は、「死して罪禍の汚名を残すこと勿れ」という訓戒と対になっており、もちろん前者にもその現実的必要があったわけであるが、「戦陣訓」全体を見ると、むしろ後者に重点が置かれているように思われる。

そのような状況の中で、丸山眞男はなぜ日本近代化の先導者として福沢が日清戦争を肯定したのか、その思想的根拠は何であったかに関心があったと思われる。それは日本近代とアジア最大の国家である中国に対する戦争との関連を問う問題意識から発したと思われる。次に戦中の丸山の福沢論を理解するために、その背景的要因となった同時代のいくつかの関係文献を検討したい。

①津田左右吉『支那思想と日本』（一九三八年一一月）・「日本に於ける支那学の使命」（一九三九年三月）

第一次近衛内閣が打ち出した日中戦争の戦争目的は「東亜新秩序」の建設に置かれた。丸山が東京大学（一九四七年九月までは東京帝国大学）法学部において一九四二年一〇月以来担当した「東洋政治思想史」講座（政治学政治学史第三講座）は、かねてから学部関係者が設置を要望していた講座であったが、日中戦争の進展に伴い、「東亜新秩序」の文化的基礎を解明することの意義が認められ、一九三九年三月に文部省主導で設置された講座であり、まさに日中戦争の所産であった。そしてその最初の講義を南原繁教授の推薦により東大法学部教授会が委嘱したのが、早稲田大学教授津田左右吉（一八七三〜一九六一）であった。津田はそれに先立って、一九三八年一一月（近衛首相が同年一月一六日に発した第一次声明「爾後国民政府を対手とせず」に続く一一月三日の第二次声明において公式に「東亜新秩序建設」を戦争目的として宣言した同じ月の二〇日）に創刊された赤版の岩波新書の一冊として、斎藤茂吉の『万葉秀歌』上下などと共に、『支那思想と日本』（戦後版は『シナ思想と日本』）を公刊した。これは当時の津田がジャーナリズムの上では必ずしも知名度は高くなかったにもかかわらず、その内容が読者に大きな反響を呼び起こした。ところが同書が、日中両国の政治思想、道徳思想、宗教、文学等の比較を通して強調したのは、両国の文化的共通性ではなく、異質性であった。津田は日中両国が共属する

「東洋文化」の概念を否定した。同様に「歴史は生活の展開であるから、一つの生活について一つの歴史があるのであり、共同の生活をしない離れ〴〵の二つの民族が一つの歴史を有つはずは無い」(津田左右吉『支那思想と日本』岩波新書、一九三八年、一四七頁)という立場から、日中両国の歴史を包摂する「東洋史」の概念をも否定した。「東洋史」は一九一〇(明治四三)年に東京帝国大学文科大学史学科に「支那史」を発展解消させる形で創設された講座であり、津田の師ともいうべき白鳥庫吉(一八六五〜一九四二)がその最初の担当教授となった講座の名称であった。津田は「東洋史」を狭義に限定し、少なくとも日本史を「東洋史」から除外しようとした。

津田の著書は、二つの部分から成る。一つは「日本は支那思想を如何にうけ入れたか」というテーマを扱った部分であり、もう一つは「東洋文化とは何か」を論じた部分である。同書には、以上の二つの部分(二篇)に共通する内容を要約した次のような論述がある。

「この二篇に共通な考は、日本の文化は日本の民族生活の独自なる歴史的展開によつて独自に形づくられて来たものであり、随つて支那の文化とは全くちがつたものであるといふこと、日本と支那とは別々の歴史をもち別々の文化をもつてゐる別々の世界であつて、文化的にはこの二つを含むものとしての一つの東洋といふ世界はなりたつてゐず、一つの東洋文化といふものは無いといふこと、日本は、過去に於いては、文化財として支那の文物を多くとり入れたけれども、決して支那の文化の世界につゝみこまれたのではないといふこと、……日本の過去の知識人の知識としては支那思想が重んぜられたけれども、それは日本人の実生活とははるかにかけはなれたものであり、直接には実生活の上にはたらいてゐないといふこと、である。日本と支那と、日本人の生活と支那人のそれとは、すべてにおいて全くちがってゐる、といふのがわたくしの考である」(同上「まへがき」二─三頁)。

以上のような日中の文化的異質性をもたらした原因について、津田は「支那から学ばれたものは、直接には、民衆の日常生活に関与するところが少く、また日本と支那との交通は民衆と民衆との接触ではなかったからである」(同上、一五四頁)と指摘している。津田によれば、「日本の文物は少しも支那に入ってゐない、……日本と支那とに共通の文物が無い」(同上、一七四─一七五頁)。

しかも津田はさらに一歩を進め、日中戦争当時の日本の文化的位置について、「今日では西洋に源を発した現代の世界文化の中にわれわれは生活してゐるのである。……今日の日本の文化はこの現代文化世界文化の日本に於ける現はれである。……いはゆる西洋文化、は日本の文化に対立するものではなく、それに内在するものであり日本の文化そのものである」(同上、一七九頁)という理解を示している。そして津田は「西洋の文化、西洋の思想に対し、それと同じ意義での東洋の文化、東洋の思想といふものが存在しないことは明かであるといはねばならぬ」(同上、一四九頁)と断じている。

当時の津田には、日本の中国研究(当時の「支那学」)の現状に対する強い批判があった。津田は次のように書いている。

「こんどの支那事変が起ってからたれしも深く感ずることは、支那についての日本人の知識があまりにも足りなさすぎるといふことであらう。日本人が支那についての研究をあまりにも怠ってゐたといふことであらう。支那文字をつかふことがあまりにも好きであり、支那を含む意味で東洋といふことを何につけてもいひたがる日本人が、その支那についての知識をあまりにも有たなさすぎることが、こんどの事変によってよく知られたのではあるまいか。或はこれから後もます〳〵よく知られてゆくのではあるまいか。……かういふ状態には学問としての支那の研究、即ち支那学、が日本に於いてまだ十分に発達してゐないところにも理由がある」(津田左右吉「日本に於ける支那学の使命」『中央公論』一九三九年三月号、四―五頁)。

津田は「支那学」が旧来の「漢学」から決別すべきことを主張する。「日本人の支那に関する知識は、長い間の因襲として、いはゆる漢学、或は其の中心となってゐる儒学、によって与へられたものが主になってゐるやうであるが、上に述べたやうな儒学の学問のしかたが現代の学術のと全く違ふといふことを除けて考へても、儒教は多方面である支那の過去の文化、過去の支那人の生活のわづか一部面であるに過ぎないのに、それが支那人の生活を支配してゐた支那思想の全体であるやうに何となく考へならされ、儒学によって支那の全体が知られるやうに錯覚してゐたのが、儒学の教養をうけた日本の過去の知識人であった」(同上、八頁)。「日本の一部の知識人に於いては、日本も支那も同じく儒教国であるといふやうなことが漠然と考へられ、支那人の道徳観念が日本人のと同じであるやうにさへ何となく思はれてゐるらしく、従って日本人に対すると同じ態度で支那人に対するやうなことがありがちであり、それがために思はぬ失敗を招くことが多い」(同上、一五―一六頁)。

津田は「支那学」の最重要課題として中国のナショナリズムを挙げる。「なほ日本が支那にはたらきかけるについて最も大切な、さうしてまた周到な研究を要することがらとして、支那人の民族意識民族感情についてのさまざまな問題があるであらう。今日の世界の動きに於いて、其の原動力となつてゐるものの一つは『民族』の観念であり、さうして支那の知識人にもいろ〳〵の事情から新しく強められて来た民族意識が存在し、刺戟の如何によつては民族感情の昂進する場合があるべきことを予想しなければならぬからである」(同上、一六頁)。

そして津田はおそらく「東亜新秩序」などのスローガンを念頭に置きながら、次のような判断を下す。「今日に於いて最も必要な用意は、よく現実を凝視し、あらゆる支那の事物に対して冷静な観察を加へ、それについてのたしかな知識を得ることである。人々の単なる主張を徒らに強いことばで宣伝し、動《やや》もすればそのことば其の主張にみづから陶酔するやうなことがあつてはならぬ。……ことばは机の上でいくらでも作られるが事実はさうはゆかぬといふことも注意せられねばならぬ」(同上、一六―一七頁)。

最後に津田は日本の「支那学」の任務を次のように要約する。「日本の支那学が上に述べたやうなはたらきをするには、世間のいろ〳〵の風潮に動かされず、あらゆる偏執に囚はれず、大言壮語と性急なまにあはせの判断とをさけ、実用に縁遠いと思はれるやうな問題にも学術的価値のあることには十分に力を入れると共に、一つのことがらについても各方面各分科からの周到なる専門的な観察を綜合して考へることを怠らず、要するに現代の学術の精神と方法とを誠実に守ると共に、学術の権威をどこまでも失はず、学術的良心によつて、おちついて慎重に、研究をつゞけなければならぬ。さうしてかういふ態度で研究せられたものによつてこそ、支那に関する正しい知識を世間に提供し目前の実務に対して真の貢献をすることもできるのである」(同上、二一頁)。

なお津田は当面の批判の対象とした日本の「支那学」の現状の背後に、日本の学術全体（特に「文化科学」全体）が置かれた困難な状況を認識していた。「これまでの日本に於いて真の学術的研究と其の精神とが尊重せられず、学術の権威も認められず、従つて研究のために必要な費用も供給せられず、学者も多く養成せられなかつたといふことである。……研究室内の研究は実務のやくにたゝぬ無用のもののやうに考へ、それでありながら何等かの必要が起ると急に学者を利用しようとしたり、学術上の素養も無く知識もないものが学術的研究に喙《くちばし》をいれようとしたり、さういふやうなことさへも無かつたとはいひがたい」（同上、一九頁）。

この論文を公表した年（一九三九年）の一〇月から一二月にかけて、津田が東大法学部において行った「東洋政治思想史」講義（「先秦時代の政治思想」）が発端となり、翌年（一九四〇年）初頭以降、実際に津田は自らが指摘した日本の学問の置かれた困難な状況を、極めて深刻な形で自ら体験することとなった。そして丸山眞男もまた、それに深く関わることとなった。津田が『支那思想と日本』によって提起した「東亜新秩序」への文化的批判は、津田の記紀研究や神代史・上代史研究が被った受難（四冊の著書の発行禁止や出版法違反容疑による起訴処分）の導火線となった。

②小野清一郎「東洋は存在しないか」（一九三九年一一月）

津田が投じた「東亜新秩序」への歴史的文化的な反対命題（アンティテーゼ）は、それに対する強い反論を呼び起こした。その一つが刑法学者小野清一郎（一八九一〜一九八六）のそれである。小野は当時津田を「東洋政治思想史」講義の最初の講師として招いた東京帝国大学法学部の刑法講座の担任教授であり、かつて京都帝国大学法学部教授であった刑法学者滝川幸辰（一八九一〜一九六二）と学説上で対峙した存在であった。小野は津田の『支那思想と日本』における「東洋文化」否定論を直接に問題とし、「文化的『東洋』の存在を信ずる一人として津田博士の所論に対する疑」（小野清一郎「東洋は存在しないか」『中央公論』一九三九年一一月号、六頁）を提起する。特に小野を刺激したのは、津田が一方で「東洋文化」の存在を否定しながら、他方で「いはゆる西洋文化、は日本の文化に対立するものではなく、それに内在するものであり日本の文化そのものであることに、疑は無い。さうしてその意味に於いて日本といはゆる西洋とは文化的に一つの世界を形成してゐるのであり、日本人の文化的活動は世界の文化に於ける活動なのである」（津田『支那思想と日本』一七九―一八〇頁）と断じている点である。小野は「津田博士が現代について何故にかくも独断的であり、無批判的であり得るのか。……其の根柢には明治時代から持ち越した欧化主義のイデオロギーがあると思はれる」（小野、同上、一四頁）と強く反発する。そして「日本の文化と支那の文化とが根本的に異る如く、東洋の文化と西洋の文化との間には更により以上の根本的な差異があることを認識すべきである。日本の文化にせよ、支那の文化にせよ、其の西洋文化との対立はさう簡単に消滅するものではない」（同上、一五頁）と弁ずる。

小野は「津田博士の学説は民族の特殊性を認識せしむることによつて民族的現実を無視した世界主義的或は帝国主義的空想を破する作用があるであらう。……しかし、其は東洋的普遍に盲目であることによつて東洋における文化的新秩序の発展を阻碍する虞がある。しかも日本の文化を容易に西洋文化と同一視することによって日本固有の文化を抛棄し、西洋文化を絶対視する点において、実は甚しき非民族的思想を醸成するものといふべきである」(同上、一六頁)と批判する。そして「文化的意味において『東洋』が存在するといふ認識は、わが日本において初めて成立したものであり、現に日本を中心として全世界に発展しつつある思想である」(同上、九頁)ことを強調する。

小野によれば、「我々の『東洋』観念は徳川末期に始まる日本人の民族的であると同時に超民族的な文化的自覚、しかも徒らに西洋文化の驚異的なものに幻惑せられない批判的精神の所産である。さうして今やこの文化意識は日本を中心として東洋諸民族の文化的覚醒を促しつつある」(同上)。ただし小野のいう「東洋文化」・「東洋的普遍」という概念は「西洋文化」への対抗概念以上の積極的な意味内容をもつものとはいえない。しかし「東洋文化」の概念は、小野の刑法理論と密接な関連をもっていた。小野は日本法に内在する基本原理を「日本法理」と呼び、それが「一君万民・君民一体の国体」によって体現されていると見た。そのような立場から、小野は「国体」を法益とする治安維持法やその関連法である思想犯保護観察法に対して肯定的であった。小野にとっては「国体」こそが「日本における法理中の法理、道義中の道義」であり、法は「国家的道義の実現」であった。そして刑法においても「道義的共同体としての国家の自覚」が中心観念であるべきであり、刑法は「日本民族的・日本国民的道義」の「明徴」を目的としていた。

しかも小野は「日本の道義は東洋の道義文化を代表する」という見解に基づいて、日本法の歴史的伝統の中に、「西洋の法理学的・法律学的文化財」を摂取しながら、「新たなる東洋法、而して又世界法」

を確立すべきことを主張したのである。「東洋法」はいうまでもなく、「東洋文化」の重要な一環であるべきであった（以上、小野の刑法理論については、内藤謙『刑法理論の史的展開』有斐閣、二〇〇七年、三六三―三六八頁、四〇〇―四〇二頁参照）。

なお小野は津田の『支那思想と日本』について、その政治的含蓄を重視し、「目下の事変処理に対してさへも明かに或る実際的効果を意図してゐる」（小野、同上、五頁）と受け取っている。つまりそれが「東亜新秩序」への実証的な反対命題であることを読み取っているのである。だからこそ「遥かに文献学の範囲を超ゆる主張であることは議論の余地がない。従つて更に広汎なる問題として種々の立場から其の当否が検討されなければならないであらう」（同上、六頁）という問題意識を提示しているのである。小野が津田説に下した「実は甚しき非民族的思想を醸成するものといふべきである」という結論と重ね合わせると、それが当時の有力な刑法学者の見解であるだけに、小野自身のいう「一般文化史観に立脚する批判」（同上、六頁）に止まらない影響力を感じさせるものであったのである。

ちなみに丸山が一九四四年六月第一次応召に際して贈られた「武運長久」を祈る日章旗への学部関係者の署名中には「教授小野清一郎」の署名も見られる（『丸山眞男手帖』第六四号、二〇一三年一月、七五―七九頁）が、一九四〇年に津田左右吉がその著書において皇室の尊厳を冒瀆した容疑を問われ、出版法第二六条によって起訴された刑事裁判においては、一九四二年に判決を前にして東京地裁裁判長宛に提出された「津田博士の裁判に関する上申書」（南原繁筆）には賛同者中に小野の署名は見られない（丸山眞男・福田歓一編『聞き書 南原繁回顧録』東京大学出版会、一九八九年、二五五―二五八頁）。東大内の署名集めを担当したのが丸山であったが、丸山は「法学部でもはじめから署名しそうもない人のところには行かなかった」(同上、二五二頁)と述べている。

二　戦中の福沢論の意味

「福沢諭吉の儒教批判」(一九四二年)は、福沢が批判の対象とした「儒教」とは何であったか、それは福沢がその半生を生きた幕藩体制社会においていかなる形で存在し、機能していたのかについて、丸山の見解を示している。丸山は日本における「儒教」の存在形態を教説や学説としてではなく、カール・マンハイムのいう「思惟範型」(Denkmodelle)や「視座構造」(Aspektstruktur)としてとらえる。そのようなものとしてのみ、儒教は幕藩体制社会における支配的イデオロギーとして認識できるというのが丸山の見解である。儒教思想史に関する丸山の二論文がそのような見解を前提として書かれていることはいうまでもない。丸山が分析した福沢の儒教批判の対象もまた、さまざまな社会的諸身分の日常生活に拡散していた、しばしば無意識的な「思惟範型」や「視座構造」としての儒教である。

以上のような丸山の「儒教」理解は、津田左右吉の「儒教」理解と対立する。津田は『支那思想と日本』の中で、「一般民衆の生活に於いては、……儒教などは初から何のかゝりあひも無いものであった。……知識社会の知識が如何に支那思想に支配せられてゐたにしても、それは決して日本人の生活が支那思想に指導せられたことを示すものではない」(津田『支那思想と日本』七六頁)と書いている。そして津田は「日本人の道徳生活は、支那の道徳説を伝へることが主であつた学者の講説によつて知ることはできないので、文芸によつてそれが表現せられてゐるのである」（同上、九〇頁）との自説を述べている。「文学」こそ「実際の生活の表現」であるというのが『文学に現はれたる我が国民思想の研究』（一九一六～一九二一年）を書いた歴史家としての津田の確信であった。

こうした津田の実証的な儒教観を、もちろん丸山は強く意識していた。「日本の文化に対する儒教の影響について恐らく最も消極的な見解をとられる津田左右吉博士」（『日本政治思想史研究』新装版、一四頁、『丸山眞男集』第一巻、一三八頁）というのが丸山の津田に対する学説的位置づけであった。丸山は津田説に対して、改めてなぜ幕藩体制社会において、儒教が「支配的イデオロギー」として機能したかを論証する必要があったのである。そこで丸山は儒教思想史に関する最初の論文を草するに当たって、教説や学説としての儒教（朱子学）ではなく、もっぱらその「思惟方法」を問題とし、その内在的発展を追跡することによって、日本近代化の自生的内発的な契機を探ろうとしたのである。そしてそれを体現した日本近代の先導者として福沢諭吉を位置づけたのである。

この戦中の福沢論において注目すべき点は、福沢の生涯を通して一貫した儒教批判を、丸山が日清戦争と結びつけている点である。丸山は次のように書いている。

「攘夷主義乃至排外主義的思潮に対しては終始一貫抗争した諭吉も、対朝鮮・支那の外交問題に関しては是《これ》また終始一貫、最強硬の積極論者であった。この二つの表見的には矛盾する態度を諭吉の心裡に於て一つの統一的な志向にまで結び付けていたものが外ならぬ彼の反儒教意識であったということとは注意されていい」（『丸山眞男集』第二巻、一五七頁〔丸山眞男著・松沢弘陽編『福沢諭吉の哲学 他六篇』岩波文庫、二〇〇一年、三〇頁〕）。

「支那朝鮮は彼が歴史的必然と信じた文明開化の世界的浸潤に抵抗する保守反動勢力の最後の牙城と映じたのである。……対清関係が漸く悪化するや、従来の国内儒教思潮に対する諭吉の抗争の全エネルギーは挙げて、儒教の宗国としての支那に対する敵対意識に転じて行ったことはきわめて自然であった」（同上、一五八頁〔同上、三一頁〕）。

以上の文章は、戦中のもう一つの福沢論、「福沢に於ける秩序と人間」（一九四三年一一月）と重ね合せて読まれるべきであろう。そこで強調されているのは、秩序があくまで個人的自主性を前提として形成されなければならないという福沢が主張した秩序形成の基本原理である。丸山によれば、「個人的自主性なき国家的自立は彼（福沢）には考えることすら出来なかった。国家が個人に対してもはや単なる外部的強制として現われないとすれば、それはあくまで、人格の内面的独立性を媒介としてのみ実現されねばならぬ」（『丸山眞男集』第二巻、二二一頁）。福沢の儒教批判は、丸山のいう「個人的自主性」、「人格の内面的独立性」（福沢のいう「独立自尊」）を生み出すために必要であったのである。丸山が重視し、支持したのは福沢の日清戦争肯定論ではなく、その思想的根拠であり、儒教批判を媒介とする国民の主体的自由なのである。したがって当時の日中戦争の目的として掲げられた儒教文化圏を基盤とする「東亜新秩序」とは全く相容れないものであったのである。その意味では、戦中の丸山の二つの福沢論は、津田左右吉の「東亜新秩序」への文化的反対命題（アンティテーゼ）、文化的意味における「東亜新秩序」イデオロギーの虚偽性の指摘に共鳴し、同調するものであったと考える。

三　維新後の福沢と戦後の丸山——旧体制からの決別と自立的知識人への道

維新後の福沢と戦後の丸山とは、それぞれの旧体制（アンシャン・レジーム）と決別し、自立的知識人への道を歩んだという意味において共通性をもつ（三谷太一郎「丸山眞男は戦後民主主義をいかに構想したか——『精神的貴族主義』と『少数者』との関連を考える——」『学問は現実にいかに関わるか』東京大学出版会、二〇一三年も参照）。福沢は、幕末の徳川慶喜政権（徳川慶喜が将軍職に就いて以後の政権のみならず、それ以前の将軍後見職の時期の政権を含めた実質的意味の徳川慶喜政権）の出現とともに、それを支持した。徳川慶喜政権の近代化路線、幕藩体制の再編と強化を目的とする近代化路線、そしてそれを推進した小栗忠順であるとか栗本鯤（鋤雲）であるとか、そういった開明官僚のグループの政策とイデオロギーに同調した。福沢が鼓吹した「文明開化」とか「富国強兵」といったスローガンは、徳川慶喜政権の近代化路線を方向付けるスローガンとして登場したのである。そして「文明開化」を進めるためにはフランスにおけるナポレオン三世の統治体制をモデルとする徳川慶喜政権の体制（「大君之モナルキ」すなわち将軍独裁）とその路線を維持していかなければならないと当時の福沢は考えていた。軍事力による長州藩の廃絶とそれを前提とするフランスからの借款による幕府権力の強化というシナリオさえ福沢は描いていた。勝海舟との生涯にわたる対立は、その発端は幕末の政権の路線をめぐる対立であり、それは維新後の日清戦争の是非をめぐる意見の対立にまで及んだ（三谷太一郎「福沢諭吉と勝海舟――外国借款政策をめぐる対立とその歴史的意味――」『ウォール・ストリートと極東――政治における国際金融資本――』東京大学出版会、二〇〇九年を参照）。また幕末の福沢は、「文明開化」とともに、「富国強兵」の必要も課題として明確に意識していた。徳川慶喜が将軍後見職となった一八六二（文久二）年に、幕府使節団に随行してヨーロッパに渡った福沢はロンドンからの書簡において、「当今之急務ハ富国強兵ニ御坐候」と書いている。当時福沢が「文明開化」や「富国強兵」の主導者としての役割を徳川慶喜政権に期待したことは否定できない。

ところが福沢は維新後（政権交代後）、新政権が旧政権の近代化路線をそのまま引き継いだにもかかわらず、したがって旧幕府官僚の多くが新政権に吸収されたにもかかわらず、全くその歩む道を転換する。つまり権力への従属からの離脱と自立的知識人の道を歩み始める。そのことは、『学問のすゝめ』の四編の「学者の職分を論ず」に明らかにされている。すなわち福沢は一国の文明を発展させるためには政府だけでなく政府の外に立つ自立的知識人の活動が重要であることを説き、その役割を福沢自身が率先して引き受ける決意を表明しているのである。そして福沢は自立的知識人の存立する拠点を旧幕府の蕃書調所のような権力機構に附属する施設でなく、かつて自らが所属した適塾であるとか、自ら設立した慶應義塾であるとか、あるいは自らが創立メンバーである明六社といったような権力から独立した自発的集団（福沢のいう「社中」、voluntary association）に求めた。

このように福沢諭吉が維新後にとった道は、実は丸山眞男が戦後にとった道と非常に共通している。

いいかえれば、福沢の『学問のすゝめ』（一八七二～一八七六年）にいたる過程と丸山の「超国家主義の論理と心理」（一九四六年五月、『丸山眞男集』第三巻（丸山眞男著・古矢旬編『超国家主義の論理と心理　他八篇』岩波文庫、二〇一五年））にいたる過程との共通性である。戦前・戦中の丸山は、明治憲法下の旧体制のすべてを否定していたわけではない。とくに旧体制イデオロギーの中でも、その立憲主義は比較的に高く評価していたし、また天皇側近に代表される旧体制の穏健派が共有していた「重臣イデオロギー」（あるいは丸山のいう「重臣リベラリズム」）に対しても、それが二・二六事件の反乱将校のような右翼ラディカリストの標的とされたことから、その政治的な存在意義を認めていたと思われる。

ところが戦後の丸山は「重臣イデオロギー」（「重臣リベラリズム」）に対して次第に批判的になっていった。その点で、丸山が終始尊敬した南原繁、田中耕太郎、高木八尺らの諸学者のように、天皇に影響力を及ぼしうる重臣グループを通して天皇に働きかけて、終戦工作を行った学者グループの政治的立場とは、一線を画することとなったと思われる。これらの学者グループは天皇側近によって担われる「重臣イデオロギー」に依拠することによってのみ戦争の早期終結がもたらされると考えた。そして戦争終結後の予想される政治的混乱の収拾のために、「重臣イデオロギー」を奉ずる皇族内閣というものに期待した。これが敗戦後東久邇宮内閣として実現したことはいうまでもない。

丸山が「重臣イデオロギー」に対して批判的となったのは、それが実体的内容の非常に希薄なイデオロギーであり、状況依存的なイデオロギーであって、歴史的経験に顧みて、現実を主導するのではなく、現実に流されていく現実追随的なイデオロギーであるという点にあった。そしてその担い手である穏健派は責任ある政治主体としては非常に弱体であり、戦後政治の求心力とはなりえないと結論したと思われる。

ところで「重臣イデオロギー」を戦後日本の再出発点としようと考えたのが東久邇宮内閣の事実上の中心であった近衛文麿であった。そのために近衛は自分の周囲に新たなブレーントラストを作り上げようとしていた。そのような近衛の働きかけが丸山眞男に及んだと考えられる。現実に丸山は首相官邸で田中耕太郎や高坂正顕らとともに近衛と会見した。これは『丸山眞男回顧談』(上、岩波書店、二〇〇六年、二五一頁、二七三―二七四頁〔『定本 丸山眞男回顧談』上、岩波現代文庫、二〇一六年、二六二頁、二八六―二八七頁〕)の中にも語られているし、私自身も丸山からそのことを直接に聴いた。それは一九四五年一〇月四日であった。この日近衛は丸山らと会見するに先立って、総司令部に赴き、マッカーサー連合国最高司令官と会見した。この会見の席上で近衛は「重臣イデオロギー」に基づく状況認識をマッカーサーに伝え、一つの政治的な提言を行う。すなわち、旧体制の中心部分である皇室を中心とする、いわゆる「封建的勢力」と「財閥」を温存すべきである、そしてそれによって漸進的に日本が民主化を遂げるようにするのが賢明であるということをマッカーサーに進言する。近衛によれば、戦争を引き起こした「軍閥」や「極端な国家主義者」の背後には「左翼」勢力が隠れ潜んでいたのであり、皇室を中心とする「封建的勢力」と「財閥」とは「左翼」によって操縦されていた「軍閥」を抑制する役割を果たしたのである。ところが今や、「軍閥」は凋落の時期を迎えた。「軍閥」に代わって、その背後にいた「左翼」が出てきた。放置すれば日本は容易に赤化するであろう、という認識と提言を近衛はマッカーサーに伝えた。この状況認識は、ちょうど敗戦の六ヵ月前の二月一四日に近衛が戦争の早期終結を天皇に対して進言した意見書、いわゆる「近衛上奏文」に示された認識と全く同じである。つまり「最も憂ふるべきは敗戦よりも敗戦に伴ふて起ることあるべき共産革命に御座候」という認識をそのままといってよいほどの形で、敗戦後近衛はマッカーサーに伝えたのである。こうしてマッカーサーとの会見を終えた後、近衛は丸山と会うのである。

マッカーサーは近衛との会見において、今や日本にとって憲法改正が必要であり、憲法改正のイニシアティヴを近衛が自由主義者を糾合してとるべきだと激励した。そこで当時戦犯容疑者として逮捕収監されるのではないかという不安感に苛《さいな》まれていた近衛は愁眉を開くことになった。しかしその後、近衛の運命は暗転していく。そしてそのほぼ二ヵ月後には、近衛は戦犯容疑者に指定される。そして逮捕収監の予定日の早朝、自邸荻外荘において、近衛は服毒自決を遂げることになったのである。

近衛の死後、その政治的な役割を継承したのが、近衛よりも一三歳も年長であった吉田茂であり、また吉田に協力した知識人たちであった。近衛に代わって旧体制と戦後日本とを結びつけたのが、戦争末期の「近衛上奏文」の起草に協力した吉田であった。しかし近衛の役割を継承した吉田茂や、吉田に協力した知識人たちの路線を、丸山は結局とらなかった。ここにおいて、丸山は丸山にとって特別な意味をもつドイツ語の“Denker”(思想家)として深く尊敬していた商法学者であり、法哲学者であった田中耕太郎と決別する。つまり丸山は権力を支えるブレーントラストへの参加の道を選ばなかった。そして逆に、静岡県の三島市に開設された庶民大学三島教室に講師として参加する道を選んだのである。こうして丸山は旧体制と明確に決別して、自立的知識人の道を選ぶ。そのことを明らかにしたのが一九四六年五月の「超国家主義の論理と心理」という論文であると考える。これは田中耕太郎の推薦によって雑誌『世界』に書いたものであることを後に丸山は追憶している（『丸山眞男座談』第三冊、岩波書店、一九九八年、二一三頁、『丸山眞男回顧談』上、二八〇頁〔岩波現代文庫、上、二九四—二九五頁〕）。もしそうだとすれば、丸山は田中への決別を意味する一文を田中の推薦によって書いたことになる。この論文はもちろん、直接に「重臣イデオロギー」をとり上げ、批判したものではない。しかしそれは「超国家主義」の母胎となり、それを許容した旧体制イデオロギー、なかんずくその基軸であった「重臣イデオロギー」（丸山のいう「重臣リベラリズム」）への批判であったと考える。「重臣リベラリズム」は到底戦後日本の精神的秩序を作ることはできない、戦後日本を支える主体を生み出す母胎となることはできない、という含意が込められていると私は理解する。つまり「超国家主義の論理と心理」にいたる過程は、丸山にとっては「重臣リベラリズム」からの離脱の過程であり、丸山はそれを自ら「転向」の過程と表現したのである（『丸山眞男回顧談』上、二〇三頁〔岩波現代文庫、上、二一三頁〕）。それは維新後における福沢にとっての旧体制イデオロギー（いわば「幕臣イデオロギー」）からの離脱の過程と対比しうるものであった（福沢はこの「転向」ともいうべき過程については何も語っていない）。丸山についていえば、八月一五日から「超国家主義の論理と心理」の執筆にいたる時期は、丸山の生涯にとって（のみならず戦後民主主義そのものにとって）非常にクリティカルな時期として注目しなければならないと思う

（「昭和天皇をめぐるきれぎれの回想」『丸山眞男集』第一五巻、一九九六年参照）。

四　両者が共に歩んだ政治的アマチュアのリーダーの道

一国の政治的伝統は二つの部分によって形成されている。第一の部分は、政治のプロフェッショナル（政治的職業人）によって形成されている部分であり、第二の部分は、政治のアマチュア（政治的非職業人）によって形成されている部分である。政治（特にデモクラシーの政治）の現実はプロフェッショナルだけでなく、アマチュアによって動かされている。前者と共に後者が政治的伝統を形成する不可欠の主体であることはいうまでもない。

前者が主体性をもつためには自らを組織化（たとえば政党化）しなければならないが、後者もまた前者と同じく独自の主体性（すなわち「能動的人民」＝active demosとしての主体性）を確保するために、それなりの自己組織化が必要である。そのためには、後者においてもリーダーが必要である。それが政治的プロフェッショナルのリーダーとは区別される政治的アマチュアのリーダーである。前者に必要なのは、政治的な権力であるが、後者には社会的な権威が必要である。

福沢諭吉は近代日本における最初の政治的アマチュアのリーダーであった。福沢は日本が当面の国民的独立の課題を達成するためには、政治的アマチュアの質を高めることを最重要と考え、自ら政治的アマチュアのリーダーシップを取ることを志した。福沢は最も自覚的な最も強い使命感をもった政治的アマチュアのリーダーであった。福沢が『学問のすゝめ』四編において、「人に先《さきだ》つて私に事を為し、以て人民の由る可き標的を示す者なかる可らず」(『福沢諭吉全集』第三巻、岩波書店、一九五九年、五一頁〔『学問のすゝめ』改版、岩波文庫、二〇〇八年、四五頁〕)と説いたのは、維新後の日本における政治的アマチュアのリーダーの必要を強調する意味であった。そして福沢は自らそれに任じた。維新後福沢が明治政府に加わった旧幕臣の洋学者たちと袂を分かち、自立的知識人の道を選んだ理由はそこにあった。

福沢が政治的アマチュアを導くリーダーの条件として重視したのは、学問(特に西洋文明を形成した学問)と学問に基づく識見を伝達する手段としての文章表現であった。それらが政治的アマチュアのリーダーに必要な社会的な権威の要因であった。したがって政治的アマチュアのリーダーは、学問によって指針を示すリーダーでなければならなかった。すなわち福沢はリーダーの任に当たるものは、「唯一種の洋学者流あるのみ」(同上〔同上、四六頁〕)という判断を下す。しかし福沢は単なる「洋学者流」にはリーダーの資格を認めなかった。福沢は多くの「洋学者流」の価値観に次のような重大な疑問を投げかける。「其疑を存するとは、此学者士君子、皆官あるを知て私あるを知らず、政府の上に立つの術を知て、政府の下に居るの道を知らざるの一事なり。畢竟漢学者流の悪習を免かれざるものにて、恰《あたか》も漢を体にして洋を衣にするが如し。試に其実証を挙て云はん。方今世の洋学者流は概皆官途に就き、私に事を為す者は僅に指を屈するに足らず。……或は世に名望ある大家先生と雖どもこの範囲を脱するを得ず、……名望を得たる士君子にして斯の如し。天下の人豈其風に倣はざるを得んや」(同上、五一―五二頁〔同上、四六―四七頁〕)。

そこで福沢は自ら進んで政治的アマチュア（政府外の人民）のリーダーの役割を担うことを次のように明らかにする。「我国の文明を進めて其独立を維持するは、独り政府の能《よく》する所に非ず、又今の洋学者流も依頼するに足らず、必ず我輩の任ずる所にして、先づ我より事の端を開き、愚民の先を為すのみならず、亦彼の洋学者流のために先駆して其向ふ所を示さゞる可らず。……世人或は我輩の所業を以て標的と為す者ある可し。然ば則ち今人に先つて事を為すは正にこれを我輩の任と云ふ可きなり」（同上、五二―五三頁〔同上、四八―四九頁〕）。

このように率先して政治的アマチュアを導くリーダーの役割を自らに課した福沢が重視したのは、コミュニケーションの手段としての文章表現であった。福沢は自らの文章表現の特色とその由来について次のように述べている。「先づ第一に、余が文筆概して平易にして読み易きは世間の評論既に之を許し、筆者も亦自から信じて疑はざる所なり。今その由来を語らんに、四十余年前（この文章を福沢が執筆していたのは一八九七年―三谷注）余は大阪の大学医緒方洪庵先生の門に在り。……或日先生余に告げて云はるゝやう、……翻訳の文字は単に足下の知る丈けを限りとして苟も辞書類の詮議立無用たる可し、……難字難文を作り出すの恐れあればなり、……返すぐも六かしき字を弄ぶ勿れ云々と警められたる先生の注意懇到、……余は深く之を心に銘じて爾来曽て忘れたることなし。文を草するに当り思はず筆端に難文字の現はれんとすることあれば、直に先生の警《いましめ》を思出して之を改むるに吝《やぶさか》ならず。……余が著訳の平易を以て終始するは誠に先生の賜にして、今日に至る迄無窮の師恩を拝する者なり」（「福沢全集緒言」『福沢諭吉全集』第一巻、一九五八年、三―五頁）。

このように先師緒方洪庵の翻訳文についての教訓を奉じた福沢は、文章表現の具体的なモデルとして真宗本願寺派中興の祖であり、抜群の組織家であった蓮如（第八代本願寺法主）の「御文章《オフミサマ》」（笠原一男校注『蓮如文集』岩波文庫、一九八五年所収）に深く啓発された。そのことについて福沢は次のように回想している。

「余が若年十七八歳の頃、……家兄が朋友と何か文章の事を談ずる其談話中に、和文の仮名使ひは真宗蓮如上人の御文章《オフミサマ》に限る、是れは名文なり云々と頻りに称賛するを、余は傍《かたはら》より之を聞て始めて蓮如上人の文章家たることを知りたれども、……其後数年を経て江戸に来り洋書翻訳を試るときに至りて前年の事を思出し、右御文章の合本一冊を買求めて之を見れば、如何にも平易なる仮名交りの文章にして甚だ読易し。是れは面白しとて幾度も通覧熟読して一時は暗記したるものもあり。之が為めに仏法の信心発起は疑はしけれども、多少にても仮名文章の風を学び得たるは蓮如上人の功徳なる可し」（福沢、同上、七頁）。

以上の文章には福沢の功利主義的宗教観が露出している。福沢はいかなる宗教をも信じなかったが、宗教（特に大衆宗教）の社会的効用を信じた。蓮如は福沢を啓発した文章表現のモデルを提供したに止まらず、政治的アマチュアのリーダー像をも暗示したと見ることができる。

明治期に福沢が開拓した政治的アマチュアのリーダーへの道は、第一次世界大戦の戦中期から戦後期にかけての「大正デモクラシー」期において吉野作造によって踏襲される。吉野もまた、政治的プロフェッショナルと区別される政治的アマチュア（特に能動的人民）の独自の主体性を認識し、その自己組織化を導く政治教育者としての役割を自らに課した。吉野は政治的プロフェッショナルと政治的アマチュアとの接点に立ち、政治的プロフェッショナル（特に男子普通選挙に対応して勃興した無産政党）に影響力を及ぼしながら、政治的アマチュアが政治的プロフェッショナルの傘下に入り、その下部組織となることに対しては強く反対する態度を貫いた。

アジア・太平洋戦争後、福沢・吉野が果たした歴史的役割を引き継いだのが丸山眞男である。丸山は政治的プロフェッショナルの批判者としてデモクラシーの体制全体を機能させる「能動的人民」＝active demos の役割を重視し、それを「戦後民主主義」を形成する基本単位と見なした。福沢が「独立自尊」の主体としての個人を基本単位として国民国家を構想したのに対して、丸山は「個人」よりも「能動的人民」の自己組織としての「少数者」を基本単位とするデモクラシーを構想したといえよう。丸山にとっては、デモクラシーは単なる「多数者支配」ではなかった。「多数者」は一体性をもつ同質的な The majority としてではなく、さまざまな「少数者」、質的多様性をもつ複数の minorities に分節化してとらえられなければならない、というのが丸山の考えであった。その意味でデモクラシーは、The majority rule というよりも、Rule of the minorities としてとらえる必要があるというのが丸山のデモクラシー観であったと私は理解する。そのようなデモクラシー観から導き出されるのがデモクラシーにおける「自由」の本質的重要性である。そしてデモクラシーにおける「自由」は、丸山の考えるデモクラシーを形成する基本単位としての「少数者」の存在に由来している。

丸山はデモクラシーを二つの類型に分けた。一つは古代ギリシャのポリスにおけるデモクラシーを典型とする「公的民主主義」であり、もう一つは立憲主義による自由の保障を前提とした「私的民主主義」である。一九五〇年代の旧ソ連政治に対する丸山の批判は、「私的民主主義」の原理を基本的モティーフとするものであった。一九五〇年代末当時、丸山は旧ソ連政治体制を「公的民主主義」の一つの形態と見なし、その問題を次のように指摘している。「ソヴィエト・デモクラシーは個人の人権とか少数者の権利保護等の点で、少なからぬ問題をはらんでいる。……多数と少数は、人民大衆と少数の特権者という社会的実体の問題に還元されてしまい、多数決制度におけるような機能的観念——今日の少数も明日の多数になりうること、従って少数者の権利の尊重というような——は、問題としては、十分関心の対象にのぼってこないからである」(「民主主義の歴史的背景」一九五九年、『丸山眞男集』第八巻、一九九六年、九二頁、九四頁)。

以上に明らかなように、丸山がデモクラシーにおいて重視したのは、革命家のような実体概念としての固定的な「少数者」ではなく、機能概念としての流動的な「少数者」であった。このような意味における機能的少数者の権利(minority right)を守ることがデモクラシーを丸山のいう「永久革命」たらしめることであり、そのことを政治的アマチュアのリーダーに課された役割として丸山は自覚していたように思われる。

丸山眞男の知的リーダーシップを支えた深くかつ広い学問と学問に基づく識見を伝達する卓抜した文章表現については、多くの論者が指摘している。丸山が単なる学者ではなく、思想家でもあったことは、何よりもその文章表現に明らかである。丸山の文章は、学界だけでなく、学界を超える普遍的な知的共同体に通ずる言語によって表現された。彼の文章が学界外の、そして翻訳を通して日本語圏外の多くの読者をさえ引き付ける文学的価値をもつ所以はそこにある。丸山が政治的アマチュアのリーダーとして戦後日本の政治の全体に影響力を及ぼしたのは、その政治学や政治思想史学だけではなく、その文章表現によるところが大きい。丸山は日本文化における美の価値的比重の大きさを指摘し、日本思想史においても特に文学史の重要性を強調している（『自由について――七つの問答――』編集グループSURE、二〇〇五年、二三二頁）が、その意味では、丸山は夙《つと》に文学の思想史的意味に着目した先人津田左右吉の方法を継承し、その有効性を丸山自身の学問と文章表現によって実証したといえよう。

むすび――丸山の日本近代批判

丸山がさまざまの形で展開した福沢論は、それ自体が丸山自身の日本近代批判であった。すなわち丸山は福沢を「『私権』の不可侵性を信ずる自由主義者」としてとらえ、「『公民』と主権者との同一性を前提とするような民主主義者」と区別する。前者が丸山のいう「私的民主主義」の主体であり、後者が同じく丸山のいう「公的民主主義」の主体に相当する。先に述べたように、丸山は前者の立場、すなわち福沢の立場に立って旧ソ連政治を批判したのであるが、同じ立場から、丸山は日本文明の特質を引き継いだ日本近代に対する福沢の根本的批判を全面的に肯定する。福沢は個人それ自体の自由と独立を最も重んずる「自由主義者」の価値観によって日本文明を批判し、その特質として「権力の偏重」、すなわちあらゆる社会的諸価値を権力化しないでは止まない（知をも権力化させないではおかない）日本文明の特質を剔抉する。「日本には政府ありて国民《ネーション》なし」という福沢の状況認識は、「権力の偏重」という痼疾を洞察した日本文明批判に裏付けられていた（三谷太一郎「丸山眞男『「文明論之概略」を読む』――『文明の精神』と『独立』――」『人は時代といかに向き合うか』前掲を参照）。福沢は日本における国民形成のために（あるいは国民形成を通じての国家形成のために）、政治的アマチュアのリーダーを志したが、丸山は福沢の日本文明および日本近代批判の意味を明らかにすることによって、戦後民主主義を支える人民形成のために、期せずして福沢と同じ道を歩むこととなったといえよう。

しかし丸山の日本近代批判は、福沢のそれと全く同列に論ずることはできない。そもそも一九世紀の明治日本を生きた福沢の課題は、いかに人類史の未来への遠大な展望が福沢にあったとしても、国民国家の形成に止まるものであったが、二〇世紀の戦後日本を生きた丸山にとっては、課題は単なる敗戦国家の再建に止まるものではなく、戦後民主主義と永久平和の確立という日本近代の理念を超える普遍的価値の実現であった。そこに丸山の日本近代批判の最大の理由があった。

丸山自身が大きな影響を受けた戦後の著作として挙げたものの中に福田恆存《つねあり》の『近代の宿命』（東西文庫、一九四七年）がある。丸山は私との対話の中で、福田恆存が話題になった際に、この福田の著作を読むよう強く私に勧めたことがある。福田は同書所収の同名の論文「近代の宿命」（『福田恆存全集』第二巻、文藝春秋、一九八七年〔浜崎洋介編『保守とは何か』文春学藝ライブラリー、二〇一三年〕）の中でヨーロッパ近代と日本近代とを対比し、前者が宗教改革を媒介としてヨーロッパ中世から「神」を継承したのに対し、日本近代は前近代から「神」を継承しなかったと書いている。ヨーロッパ近代における「神」を日本近代において代替したのが神格化された天皇であった。そこに憲法起草者伊藤博文が「国家の機軸」を皇室に求めた所以があった。戦後日本において天皇を究極的価値とする旧体制イデオロギーを批判し、普遍主義的価値観の定着を求めた丸山の日本近代批判は、日本近代の最大の所産である天皇制への批判に及んだのである。それは『帝室論』(一八八二年)において「我帝室は日本人民の精神を収攬するの中心なり」(『福沢諭吉全集』第五巻、一九五九年、二六五頁)とした福沢諭吉の功利主義的宗教観とも共通する天皇観と分かれるものであった。

5　幕末日本における公共観念の転換

――議会制の観念の形成過程――

はじめに

政治体制の変革は、支配の正当性を理由づける公共観念の転換を伴う。そのことは幕藩体制から明治国家への権力の移行の過程においても例外ではなかった。開国にいたる政治的危機に直面した幕藩体制は、政治的秩序の組織原理としての公共性の再検討を必要とすることとなり、それを補強するために二つの基本方針を打ち出した。一つは幕府の政策決定のための政治的コミュニケーションの拡充である。すなわち幕藩体制は外圧に耐える権力を再構築するために、必要悪として政策過程への参与をある限度において拡大するとともに、それに伴って政策過程にディスカッションの形式を導入せざるをえなくなったのである。従来の伝統的・閉鎖的な政治的コミュニケーションに比べれば、より水平的で、より開かれた政治的コミュニケーションの可能性を必要に迫られた幕府自身が開いたといえよう。そしてこのようにして端緒を与えられた政治的コミュニケーションにおける公共性の増大は時とともに急進し、やがて幕府にとって操作不能にまでいたるのである。

このような幕末における政治的コミュニケーションの公共性の極大化は、決して無前提に生じたものではない。ユルゲン・ハーバーマスは『公共性の構造転換』の中でヨーロッパにおける「市民的公共性」(bürgerliche Öffentlichkeit) の成立を論じ、「公権力の公共性の傘の下で非政治的形態の公共性が形成される。これが、政治的機能をもつ公共性の前駆をなす文芸的公共性 (die literarische Vorform der politisch fungierenden Öffentlichkeit) なのである。(1)」と指摘している。「文芸的公共性」とは、一七世紀後半から一八世紀にかけてフランスやイギリスにおいて文芸作品等をコミュニケーションの媒体として、共にこれらを享受し、論議することによって成立した「市民的な読書公衆」(das bürgerliche Lesepublikum) を基盤とする「公共性」であり、ハーバーマスは「政治的公共性は文芸的公共性の中から姿を現わしてくる。それは公論 (öffentliche Meinung) をつうじて、国家を社会の欲求へ媒介する。(2)」と述べている。

おそらくヨーロッパにおける「政治的公共性」の前期的形態としての「文芸的公共性」(die literarische Öffentlichkeit) は、日本についてもそれに相当する役割を担った歴史的実体を指摘しうるであろう。日本においては一八世紀末の寛政期以降、幕府の官学昌平黌が幕臣のみならず、陪臣や庶民にも開放されるとともに、全国の藩に採用された昌平黌出身者を中心として横断的な知識人層が形成され、彼ら相互間に自由なコミュニケーションのネットワークが成立した。森鷗外の「渋江抽斎」や「伊沢蘭軒」などは所属や身分の壁を超えた知識人層を基盤とする全国的な知的共同体の実態を描いている。(3)そこにはまぎれもなく、「文芸的公共性」が機能していたのである。そしてそれが討幕派の政治連合を生み出す幕末の藩を超えた全国的な政治的コミュニケーションとそれを母胎とする新しい「政治的公共性」の前提条件となったと考えられる。たとえば頼山陽の『日本外史』その他の論著は幕末の政治的コミュニケーションを促進する有効な媒体となったが、それらはまさに「政治的公共性」に先立つ「文芸的公共性」に胚胎したのである。

政治的危機に立つ幕府がとったもう一つの基本方針は、それまで政策過程から疎外されてきた朝廷と提携することによって、幕府が「公儀」の名において象徴する公共性の度合を高めることであった。支配に正当性を付与する公共性は、具体的に表現されることによってしばしば政治的効力を増強する。この意味の公共性を、ハーバーマスは「代表的に具現された公共性」(repräsentative Öffentlichkeit)と呼んだ。ハーバーマスによれば、ヨーロッパにおいては「代表的に具現された公共性」を帯びていた教会や地方貴族は漸次それを失い、公共性を象徴する機能は王の宮廷に集中する。(4)明治維新の一つの意味は、旧幕府の意図に反して、「代表的に具現された公共性」が将軍から天皇に移ったことであることはいうまでもない。以上の二つの意味における幕藩体制下の公共観念の転換、いいかえれば明治国家における二つの歴史的カテゴリーとしての公共性の成立過程およびそれらの相互関連を鳥瞰するのが本章の目的である。

一　幕末における「伝統的支配」の危機への対応

幕藩体制における実質的な中央集権支配を維持するために、幕府は次のような基本方針を貫いた。第一は幕府に対する自立的権力の排除である。まず朝廷に対しては、「禁中並公家諸法度」を承認させ、それによって天皇を政治過程から疎外するとともに、関白および武家伝奏を朝廷の運営の中枢に据え、それらの任免の実権を掌握した。しかし幕府は一方で朝廷の政治的無力化を徹底して進めながら、他方でその実質的な中央集権支配を妨げない限り、朝廷の政治的正当性の源泉たる地位を剝奪しなかった。

また政治的自主性の排除が対大名の関係で最も厳しく貫かれたことはいうまでもない。居城修理の許可制や新築の禁止、自由婚姻の禁止、参勤交代制などをもりこんだ「武家諸法度」が個々の大名の自由な行動の範囲を厳しく制限したことは周知のことである。将軍は、新井白石が家康について信長や秀吉と区別して指摘したように、大名に対して「伯者」(同位者たる諸侯の長)ではなく、臣従を要求する「王者」そのものであった[5]。しかしそれにもかかわらず、全国総石高の約四分の三は諸大名に委ねられていたのであり、幕府の全国的支配は、大名分国制を存続させながら、個々の大名との関係における圧倒的優越によって維持されたのである。

さらに幕府に対する潜在的な抵抗勢力の可能性をもっていた宗教勢力に対しても、これを苛酷に制圧した。既に幕府成立前に無力化していた仏教勢力は寺社奉行の監督下に置かれ、寺請制度によって幕藩体制の末端行政機関の役割を担わされていた。これに対して、キリスト教に対しては教義に対する敵意からよりも、それが内外の政治勢力と結びつくことによって幕藩体制を脅かす可能性への警戒感から、これを全面的に禁圧した。そしてそれは鎖国という形で完成する。

幕府が全国に及ぶその権力を再生産するためにとった基本方針の第二は、幕府における自立的権力の排除である。まず幕府においては政策決定のために原則として合議制がとられた。老中以下の各職制は大体独任制ではなく、合議制であった。たとえば老中は四―五人、若年寄三―五人、大目付四人、目付一〇―三〇人、寺社奉行三―五人、町奉行二人、勘定奉行四―五人というように、あらゆる政策決定は合議制による議論と妥協の結果であった。これは主として三代将軍家光の時代の所産であり、家康や秀忠の時代に見られた将軍を補佐する特定の人格への権力の集中が、合議制およびこれと重なる月番制によって抑制されたのである。幕府諸機関のそれぞれの内部に働く相互的抑制均衡のメカニズムによって特定機関とそれを拠点とする特定勢力の絶対的優越化が防止されたのである。

マックス・ウェーバーによれば、合議制は行政任務の質的拡大が進行し、したがってまた専門知識が不可欠となってくるような状況において、支配者が専門知識を利用しつつ、しかも専門知識の優勢がますます増大していく傾向に対して、自己を守り、専門知識に対抗して自己の支配者としての立場を主張しようとする目的意識に適合した典型的な形式であるといわれる。つまり支配者は合議制によってそれに参与する専門家たちを相互に競合させることによって制御し、支配者自身が特定の個人の独占的な影響によって恣意的な決定を行うことがないようにしようとするのである。ウェーバーによれば、合議制は成立期の絶対君主制に典型的な制度であり、行政の没主観性の確保のための最も有力な手段の一つであった。(6) 幕府の初期に成立した合議制もまた、幕府の全国的支配の確立に伴う行政の質的拡大に対応する必要と専門化していく行政に対する将軍のリーダーシップの確保の必要とを同時に視野に入れた権力の目的の高度化に見合う権力の合理化として考えることもできるであろう。

しかも合議制の確立の背景にあったのは、武士の官僚化であった。それは武士の在地性（およびそれに起因する独立性）の剝奪によって促進され、「武家諸法度」に職分倫理として導入された儒教イデオロギーによって正当化された。このことが幕府に対する、また幕府における自立的権力の成長を阻んだことはいうまでもない。

さらにこれらに加えて、幕藩体制における政治的自主化の可能性を防遏《ぼうあつ》したのは、幕府機構における権力の分散である。それは特に名目的な権力（地位）と実質的な権力（実権）との分離としてあらわれ、それが幕府機構内部に相互的抑制均衡のメカニズムを作動させた。この点について、福沢諭吉は「凡そ幕府の政務組織に付き此種の細件を計れば枚挙に遑《いとま》あらず。いよ〳〵之を詳にしていよ〳〵平均主義の緻密周到なるを見るのみ。[7]」と指摘している。

こうして権力機構の内外にわたって自立的権力の排除を行った幕府は、顕在的もしくは潜在的な政治勢力に対してのみならず、全社会的に自主性の萌芽を摘除しようとする。それが全社会的な自主的コミュニケーションの遮断である。すなわちあらゆる社会的人間関係を自主的コミュニケーションに媒介せしめず、これをできるだけ形式化し、固定化する。つまりあらゆる社会的人間関係は一方では身分関係として形式化され、他方では地域的割拠関係として固定化される。幕藩体制社会においては、身分制によって行動様式が微細にわたって類型化され、それが自主的コミュニケーションの不在を補うのである。

また空間的な自主的コミュニケーションの遮断は、旅行の自由の制限や禁止にみられるだけではなく、訪問の自由の制限にもその実例が指摘される。初代英国公使として幕末の日本に滞在したラザフォード・オールコックは『大君の都』において、「厳格な法規は、大名たちが互いに訪問し合うことすらを禁じている。このことは、ある日、閣老たちがわたしに、謁見室にならんですわっている大名たちについて、わざわざはっきりといってくれたことである。大名たちは、互いに友人であり、同僚でありながら、お互い同士の家のしきいをまたぐ……ことは許されていないのである。したがって、はたしてかれらに社会的な生活といったようなものがあるかどうか……問題である。(8)」と記している。

さらに全社会的に自主性を抑圧したのは、権力機構の内外にはりめぐらされた相互的監視組織である。幕府の内部においては、合議制と権力の分散とに伴って精密な相互的監視機能が作動している。この点に注目したオールコックは『大君の都』において、「どの役職も二重になっている。各人がお互いに見張り役であり、見張り合っている。全行政機構が複数制（合議制――三谷注）であるばかりでなく、完全に是認されたマキャヴェリズムの原則にもとづいて、人を牽制し、また反対に牽制されるという制度のもっとも入念な体制が、当地ではこまかな点についても精密かつ完全に発達している。(9)」と述べている。たとえば老中以下全幕吏は目付の周到な監視下にあり、また目付自身は若年寄の支配下にあると同時に、複数の目付相互間で監視し合った。

以上に述べたように、幕藩体制権力は全社会的規模において自主性と流動性とを極小化し、人間関係を微細にまで及んで類型化・固定化することによって、その存続を図ろうとした。それは福沢諭吉が『文明論之概略』の中で「日本国中幾千万の人類は各幾千万個の箱の中に閉され、又幾千万個の墻壁《しょうへき》に隔てらるゝが如くにして、寸分も動くを得ず。[10]」と形容したような対内的鎖国状態をつくり出した。そして対内的鎖国状態の必然的な帰結が対外的鎖国に他ならなかったのである。

このような対内的・対外的鎖国状態の下で確立された秩序が幕藩体制を規定する「祖法」として正当化された。「祖法」は伝統を体現した根本法であった。将軍はその支配の正当性を伝統に負っていたのであり、将軍の権力行使は伝統によって拘束されていた。したがって将軍が伝統を破るときは、支配の正当性を危殆に瀕せしめることになるのである。これはまさにウェーバーのいう「伝統的支配」(Traditionelle Herrschaft)[11]の典型であった。徳富蘇峰はこのような幕藩体制における「伝統的支配」をいみじくも「習慣ノ専制」と形容して次のように述べている。「当時実際ノ主権者ハ果シテ誰ゾヤ。若シ高眼明識ノ士ヲシテ在ラシメバ、必ズ曰ントス、天子ニ非ズ、諸侯ニ非ズ、……必ズ別ニ存スル物アルヲ。其ノ物トハ何ゾヤ。曰ク習慣是也。……彼ノ封建社会ハ習慣ニ依テ立チ習慣ト共ニ存スル者ナリ。一ビ習慣ヲ破却スルトキハ其ノ組織一時ニ壊乱スルモノナリ。……蓋シ習慣ノ専制ハ唯ダ鎖国ノ境遇ニ生存スルモノナリ。[12]」

このように蘇峰によって「習慣ノ専制」と呼ばれた幕藩体制の「伝統的支配」が破れるのは、伝統によって律することができない領域が拡大し、ついには伝統そのものを否定することなしには支配を維持することができない状況が生ずることによってである。このような意味で「伝統的支配」を揺るがしたのが対外的開国を促す外圧であり、それは延《ひ》いて対内的開国をも促した。つまりそれは「伝統的支配」の支柱であった対内的および対外的の二重の意味の鎖国体制を直撃した。幕府はその支配の正当性の根拠(すなわち伝統)そのものに挑戦する外圧に対して、体制の存立をかけて必死の対応を迫られたのである。

「伝統的支配」の危機に対して、幕府は既存の枠組の中で危機に適合しうる権力の合理化を図った。第一は合議制の拡充強化である。それは二つの方向において行われた。一つは対外問題に任ずる専門スタッフの強化である。そもそものような役割を担う機関としては弘化二(一八四五)年に設置された海防掛があったが、これを統率してきた老中首座阿部正弘は、対外問題の緊急化に即応してその強化を図るために、幕吏中の有能な人材を身分的出自を問わず、鋭意これに登用したのである。これら安政期の外交交渉に当たった海防掛官僚の役割について、福地桜痴(源一郎)は「海防掛は当時幕府人才の淵叢と認められて、天下の大事は概ね此局の決議に由りて左右せられたりき」[13]と述べている。

合議制の拡充強化のもう一つの方向は、参与の拡大である。すなわちまず従来幕府の政策決定過程から全く疎外されてきた諸大名に一定の発言権を認めたということである[14]。この端緒となったのは、いうまでもなくペリーの大統領親書の呈出に対して阿部正弘が在府の諸大名を召集し、対策を諮問したことである。これはもちろん諸大名から実質的な対策を期待したわけでは必ずしもなく、米国の開国要求を拒否できないことを知っていた幕府当局者がこれに対する譲歩の結論を出すに当たって、諸大名の「衆議」による支持を欲したからである。つまり鎖国という「祖法」を廃し、「伝統的支配」に重大な修正を加える決定を正当化するために、「衆議」を必要としたのである。幕府の態度決定において必要とされたのは、必ずしも「衆議」の内容ではなく「衆議」の形式であり、幕府にとっては、それはあくまで政治的目的のために操作すべき象徴、利用すべき道具にすぎなかったが、それにもかかわらず、一旦決定過程に導入された「衆議」という形式は、政治参与を一層拡大する誘因となり、そのことによって逆に幕府の行動を拘束していくことになるのである。すなわち本来合議制の拡充強化のために導入された「衆議」は、状況の推移の中で、やがて合議制の枠組を超え、ついには伝統的制度としての合議制そのものを呑みこんでしまうことになるのである。

合議制への参与の拡大は、一方で「衆議」形式の導入として行われるとともに、他方では譜代大名以外の有力大名の実質的参与の道を開くという形で行われた。すなわちペリー来航後間もなく、阿部はかつて対外問題について、御三家はじめ外様大名をも含めた有志諸大名の「衆評」を問うことの必要を阿部に対して勧告した前水戸藩主徳川斉昭を幕府海防参与に据え、対外問題について諮問する機会を設けた。また阿部は親藩諸侯の代表格であった越前福井藩主松平慶永、外様大諸侯の代表格であった薩摩藩主島津斉彬、さらに開明的な外様大名であった伊達宗城らとも密接な連携を保ち、それらの意見を幕政に反映させせようとした。もっぱら一部の限られた譜代大名から選出される老中が主宰した「伝統的支配」の枠組では処理できない対外問題の切迫化によって、合議制はその実質を変えざるをえなくなったのである。そしてそれに伴って、従来の合議制に体現された公共観念（「公儀」）もまた、その内容を問われることになるのである。

以上に述べたような合議制の拡充強化とともに、危機に対応する「伝統的支配」の再構築のための試行として挙げられるのは、幕府が対外政策決定の正当化の根拠として朝廷の同意（「勅許」）の調達を図ったことである。ペリー来航に際して、幕府は阿部の具申により、これを朝廷に報告しただけでなく、米国大統領書簡の訳文をも呈出しているが、それ以来「京都奏上」は慣例となり、対外問題の決定過程に「勅許」という手続が導入されることとなった。「祖法」を変え、従来国交のなかった外国との交渉をもつことを正当化するには、それが「衆議」および「勅許」に基づくという形式が必要であったのである。鎖国という最も基本的な「祖法」の廃棄は、幕府の創成期以来、将軍は「治乱」の一切の責任を負い、朝廷に対する「政道奏聞」は行わないとされた「祖法」の改訂に及ばざるをえなかったのである。

ペリー来航から日米和親条約締結にいたる過程で行われた「伝統的支配」の修正は、それに続く日米通商条約締結の過程でも踏襲された。すなわち幕府は通商条約の正式調印に先立って、一方で諸大名の支持を、他方で「勅許」を獲得するために努力した。まず在府の諸大名に対しては、対米交渉成立前から、総領事タウンゼンド・ハリスを通して将軍に呈出された通商条約締結を勧告する米国大統領親書や同趣旨のハリスの陳述筆記などの公文書を閲覧させたり、幕府が交渉に応ずる意思のあることを内示し、大名各自の意見を求めたりしたが、交渉がほぼ妥結するに及んでは諸大名の登城を命じ、経過の報告・説明を行うとともに、重ねてそれぞれの意見を求めた。このような諸大名に対する幕府当局の積極的な諮問と説明とは、ペリー来航当時のそれと同じく、通商条約締結という「開闢《かいびゃく》已来嘗てこれなき大非常の事」を行うための「非常の御措置」であった。その結果少数の例外を除いて、諸大名は通商条約締結を支持するか、またはこれに追随する意思を表示したのである。こうして幕府は「伝統的支配」の根本的修正を支持する「衆議」の調達に成功したかにみえたのである。

ところが和親条約の場合と異なり、通商条約締結に対する「勅許」の獲得は難航した。ペリー来航に際して、譜代大名以外の有力大名を幕府の政策決定に参与させようとした当時の老中首座阿部正弘の試行は、対米交渉の妥結に先立つ阿部の病死によって途絶し、下田に滞在していたハリスの江戸出府および将軍謁見という伝統的制度の重大な改変に当たっても、これら有力大名への事前の諮問が十分に行われなかったことに対しては、強い不満が生じた。そこでこれら有力大名の一部（水戸、薩摩、土佐、長州等）は、姻戚関係その他のさまざまのルートを通じて朝廷の有力公家に働きかけ、「勅許」が下されるのを妨害したのである。

しかも当時朝廷における評価が非常に低く、幕府の威信にも負の影響を及ぼしていた一三代将軍家定の後継者問題をめぐる対立が京都にまで波及し、後継者選定への朝廷の介入を誘発していた。これは実子のなかった将軍家定の後継者として血統的に将軍に近い紀伊藩主徳川慶福を擁立すべきか、それとも徳川斉昭の七男で「英明」といわれた一橋慶喜を擁立すべきかをめぐる対立であり、両派、とくに一橋派は朝廷に対してその支持を得るべく、介入を働きかけていた。このこともまた、通商条約の「勅許」の奏請に対する朝廷の態度を高圧的にしていた。「勅許」を獲得するために京都に派遣された老中堀田正睦は滞京二ヵ月を費やしながら、ついに目的を達することができなかった。

「勅許」の獲得に失敗した幕府には二つの選択肢があった。一つは有能な後継者を得て将軍の威信を回復し、幕府のリーダーシップを強化することによって、「勅許」と「衆議」との調達を新たに試みることである。京都から江戸に還った堀田正睦が考えたのは、まさにその選択肢であった。すなわち堀田は朝廷からも有力大名からも支持されている資質に恵まれた一橋慶喜を将軍後継者とすることによって将軍の威信を回復し、それによって通商条約に対する「勅許」と「衆議」とを調達しようとしたのである。堀田の下で幕府の外交を担当した海防掛官僚たちの多くは、この選択肢をとることを主張した。「伝統的支配」（「習慣ノ専制」）においては問題とされなかった将軍個人の政治的能力が非常事態において重視されるにいたったのである。つまり伝統的制度（「祖法」）が動揺するに伴って、伝統的な将軍像もまた状況への適合性を問われつつあったのである。

しかるに「勅許」の獲得に失敗した幕府にとって、残されたもう一つの選択肢は、「勅許」やそれを要求する「衆議」の調達を断念し、ひたすら伝統（「祖法」）の権威を回復することによって幕府支配を建て直すことである。いいかえれば「習慣ノ専制」に回帰することである。紀伊派の支持によって大老に補任された井伊直弼が選択した方途は、まさにこのような幕府支配の復活であった。すなわち井伊は大老就任後一〇日を出でずして、紀伊藩主徳川慶福を将軍後継者とする内議を成立させた。これは井伊の伝統主義的将軍観に基づく。すなわち井伊によれば、将軍にとって第一に必要なものは「賢明」ではなくて「威徳」であり、「威徳」は「正統」に由来する。これはまさに一橋派の絶対主義的将軍観と真向から対立するものといえよう。しかも井伊によれば、「賢明」の将軍を戴かなければ内外の政治を行うことができないという考え方は、譜代大名から選出された閣老の責任を重視する幕府政治の伝統に背反する。こうして井伊は「血統」と「伝統」とを重視する将軍観に則って、果断の措置をもって将軍後継者を決定したのである。

次に井伊は幕府内部の一橋派官僚を一掃した。これらの多くは幕府の外交を担当した開明的官僚であり、この粛清人事によって井伊は幕府の伝統主義路線を鮮明にした。また井伊は伝統主義路線の帰結として、「勅許」を得ることなく通商条約の調印を強行した。これは同じく通商条約の調印に賛同した一橋派官僚のように積極的開国論に立って行ったのでは必ずしもなく、井伊が、通商条約の調印は幕府の決定であるから、朝廷が不同意であっても幕府はあくまでその威信を賭けてこれを貫かなければならないと考えたからであった。すなわち井伊にとって重要なことは、通商条約の調印そのものよりも、朝廷や有力大名の反対にもかかわらず、通商条約に調印することによって幕府の伝統的権威を維持することであった。さらに広く国内の反幕府派を一掃すべく企てられた「安政の大獄」は、まさに幕府の「伝統的支配」を権力の直接的行使によって回復することを目的としたものであったといえよう。

しかしこのような井伊直弼による「伝統的支配」の強権的再確立の企図も、既に「伝統的支配」の最大の支柱であった鎖国政策が放棄されている以上、もはや越えられない限界をもっていた。「伝統的支配」を守るために「伝統的支配」を破るという矛盾を強引に貫こうとしたからである。「安政の大獄」が桜田門外の変を惹起し、これを転機として井伊の企図が挫折するとともに、幕府の「伝統的支配」が急速に解体していったことは、きわめて当然であったといわなければならない。そして同時に幕藩体制における公共観念を象徴していた「公儀」もその機能を次第に弱め、これに代わって「公議」と「天朝」とが新しい公共観念の象徴として浮上してくるのである。

二　「公儀」の解体と「公議」の噴出

桜田門外の変を画期とする幕府の「伝統的支配」の解体は、二つの形において現れた。一つは外様雄藩の政治的影響力の拡大であり、もう一つは藩の壁を超えた尊王攘夷運動の激発である。前者についていえば、外様雄藩の中で幕府と朝廷との間に立って、公武合体政策を推進することによって発言力を高めたのが薩長二藩であった。まず長州藩は桜田変後、積極的開国論の立場をとり、それに基づいて朝廷・幕府間の了解を確立し、公武合体政策のイニシアティヴをとった。公武合体政策による幕府権力の回復を意図していた老中安藤信正をはじめ桜田変後の幕府当局者は、長州藩の主張に共鳴し、あまつさえ藩主毛利慶親（のち敬親）に公武合体政策のイニシアティヴを委ねるにいたったのである。従来幕府の政策決定過程から完全に疎外されてきた外様雄藩が幕府当局者の委嘱を受けて、今や公然と重大な役割を担うにいたったのである。

長州藩の公武合体政策は、藩内の尊攘派を中心とする反対によって挫折するが、これに代わって新たに公武合体政策のイニシアティヴをとったのが薩摩藩であった。藩主の父で、藩政の実権を掌握していた島津久光は、尊攘派を鎮圧するとともに、朝廷・幕府両者に圧力を掛け、自らの手兵に護衛されて江戸に下った勅使をして薩摩藩の意向を受けた幕府の人事改革を求める「勅諚《ちょくじょう》」を幕府に伝達させた。その結果一橋慶喜の将軍後見職、松平慶永の政事総裁職就任が実現するのである。桜田変後においては、薩摩藩に代表される外様雄藩の政治的影響力は、幕府の最重要人事にまで及ぶにいたったのである。そのようにして生まれた新政権の下で、朝廷に対する幕府の規制の緩和、安政の大獄に関係した幕府当局者の追放、参勤交代制の緩和等が行われ、幕府に対する朝廷および朝廷を擁する外様雄藩の自立化の傾向は一層強められたのである。

こうして幕府の「伝統的支配」の解体の進行は、朝廷を背景とする外様雄藩の台頭を促し、そのイニシアティヴによって大幅な幕政改革を行わせるまでにいたったが、さらにこのような外様雄藩の台頭と並行して、幕府の「伝統的支配」の解体を促進したのが尊攘運動の激発であった。この運動のイデオロギーは尊王論と攘夷論とが結びついたものであるが、両者はそれ自体としては何ら反幕府的志向を内包しているものではなかった。名分論的上下秩序を知る「華」とそれを知らない「夷」との区別を前提として、「夷」を攘《はら》うべきことを主張する攘夷論は、名分論的上下秩序を体現した幕藩体制秩序の維持と当然矛盾しない。このことは尊王論についても妥当する。尊王論もまた既成の名分論的上下秩序を前提とした議論であり、天皇を直接の尊崇の対象とし、これに忠誠を捧げうるのは将軍に限られ、諸侯は将軍を通してのみ、陪臣や庶民は諸侯および将軍を通してのみ「尊王」を実践しうる存在なのである。したがって諸侯以下の諸身分にとって「尊王」と「敬幕」とは一体である。すなわち尊王論は直接の身分的上位者に対する尊崇と忠誠を正当化する議論であり、幕府の「伝統的支配」にとって本来現状維持的機能をもつイデオロギーであったのである。幕府が「勅許」を得ることなく通商条約締結を強行するまでは、尊王攘夷論はむしろ幕府を中心とする公武合体政策を推進する要因ですらあったのである。たとえば理論的にも実践的にも尊攘運動の揺籃をつくった吉田松陰も、幕府による条約調印前は決して討幕論者ではなく、公武合体政策に傾斜していた。

しかるに松陰に代表される尊攘論者の態度は、条約調印とともに一変する。松陰は「幕府　天勅ニ背キ、衆議ヲ排シ、其私意ヲ逞フスルハ、頼ム所ハ外夷ノ援也(15)」と見るにいたる。すなわち松陰によれば、「勅許」と「衆議」とを無視して行った条約調印は、外圧に対応する幕府のイニシアティヴによる国家統合＝公武合体政策の推進を幕府自ら挫折させたものであった。ここに従来の尊攘論においては一体となっていた「尊王」と「敬幕」とが分離し、これまで尊攘論を支えてきた既成の名分論的上下秩序がその中核たるべき幕府の背信によって意味を失ってくる。そして「勅許」と「衆議」に背反する「公儀」はもはや公共性の象徴としての機能を失い、単なる「私意」に転落する。こうして松陰の尊攘論は一方で公武合体論から討幕論へ収斂していくとともに、幕府を政治的求心力とする身分秩序を超えて、尊攘論を担う主体を既成の支配機構のアウトサイダーとしての「草莽崛起《そうもうくっき》の人」に求めるにいたる。

このような松陰の尊攘論の変質は、尊攘論そのものの変質として一般化することができるであろう。すなわち通商条約調印以後の尊攘論は、名分論的上下秩序の拘束を脱して一方で「天朝」に対して将軍や諸侯を経由することなく、直接的忠誠関係において結びつくとともに、他方で藩や身分を超えた自主性の強い「衆議」を発展させる。尊攘運動を通じて、自由な政治的コミュニケーションが成立したことが幕府に対抗する新しい権力の形成の媒体となったのである。幕藩体制下の「伝統的支配」があらゆる自主的コミュニケーションの遮断ないし制限によって維持されてきたことを考えれば、「衆議」の拡大という形で実現した尊攘論を媒体とする藩際的コミュニケーション、すなわち対内的開国は、国際的コミュニケーションの成立、すなわち対外的開国とともに「伝統的支配」の解体を必然的にした要因といわなければならない。しかも対外的開国に反対する運動が対内的開国を促進し、そして対内的開国を促進することによって、事実として対外的開国をも促進したのである。そこには尊攘運動による開国、いいかえれば「閉じた社会」のイデオロギーを媒体とするコミュニケーションの成立が「開いた社会」への媒介的契機となったという歴史の逆説(ヘーゲルのいう「理性の狡知」)が見出される。この逆説の展開を通して、幕末日本における公共観念の転換が行われたのである。

こうして「伝統的支配」に生じた亀裂の間隙から一方で公武合体路線に基づく幕藩連合政権構想が浮上し、他方で幕府を排し、朝廷と直結する尊攘運動が噴出する。いずれもそれぞれの推進力となったのは、幕府からの自立化を強める外様雄藩であった。まずかつての積極的開国論に基づく公武合体路線の挫折後、藩権力を掌握した尊攘派のイニシアティヴによって京都に進出し、朝廷に対する影響力を拡大したのは長州藩であった。長州藩は尊攘論によって藩を超えた「衆議」を結集し、それに対する朝廷の公認を獲得することによって「公議」を形成した。その意味の「公議」が幕府に対抗する権力を正当化する根拠となった。

しかるに長州藩に反撃して、公武合体路線に基づく幕藩連合政権を追求したのが薩摩藩であった。すなわち薩摩藩は幕府支持勢力の軍事的支柱であった会津藩と提携して宮廷クーデタ(文久三年八月一八日の政変)によって長州藩を朝廷から追放し、幕府支持勢力と外様雄藩(土佐・伊予両藩)との連合政権を発足させた。いわゆる参預会議がそれである。しかしそれは内部対立、すなわち幕府を代表する将軍後見職一橋慶喜と外様雄藩を代表する薩摩藩主後見役島津久光との対立によって解体する。その後薩摩藩は反幕府の立場を強め、幕府軍との第一次長州戦争と英・米・仏・蘭四国連合艦隊との馬関戦争を経て、「尊王攘夷」から「尊王討幕」へと転換した長州藩と接近する。こうして薩摩藩は幕藩連合政権構想を放棄し、幕府を排除した薩長提携を基軸とする雄藩連合政権にその政治的将来を託するにいたる。そして薩摩藩は幕府が企てた第二次長州戦争に反対する。その論拠が朝廷およびそれを擁立する雄藩連合の「公議」であった。

将軍家茂の死を機会として第二次長州戦争の停戦を受け入れざるをえなかった幕府は、家茂を継いで将軍となった慶喜の下でフランス公使レオン・ロッシュの助言を得ながら、ナポレオン三世の第二帝政をモデルとする幕府権力の絶対主義的再編成に着手する。当時幕府機構の末端にあって、それを支持した福沢諭吉のいう「大君之モナルキ」である。それは最終的には藩権力（とくに薩長のような外様雄藩）の廃絶を伴うものであった。ここに及んで幕府と雄藩連合との対立は決定的となる。雄藩連合は当然「大君之モナルキ」を重大な政治的脅威と認識し、「武力討幕」論が顕在化する。

しかし雄藩連合を導いたのは、「武力討幕」論だけではなかった。すなわち薩長間で「武力討幕」が協議される一方で、他方では土佐と薩摩との関係者の間では権力の平和的移行を目的とする幕府の「大政奉還」を推進するための盟約が結ばれる。この盟約にあらわれた「大政奉還」論の骨子は、将軍に政権を朝廷に返還させ、将軍は諸侯の列に下り、新たに「議事院」（後に土佐藩主によって幕府に提出された建白書では「議政所」）を設置し、そこでの「公議」によって国政を運営していくというものであった。このような「公議政体」は「武力討幕」論においても権力移行後に予定されていたものであったといえよう。「大君之モナルキ」を阻止する政治戦略がいかなる形をとるにせよ、それに代わる政治体制においては議会制は必然的であったのであり、権力は「公議」によって基礎づけられなければならなかったのである。

幕府は土佐藩主の建白書を受け入れ、薩長を中心とする討幕派の機先を制して「大政奉還」を断行するが、その後の政治体制についての幕府のイメージにあったのも、やはり一種の「公議政体」であった。夙に幕府においては一橋慶喜や松平慶永らを中軸とする政権の下で公武合体路線に基づく幕藩連合政権の実現が考慮されていた頃から、国会や地方議会に相当する議会制の構想があったが、「大政奉還」に当たって、将軍慶喜の命を受けてそのブレーンであった西周が準備した「議題腹稿」（「別紙　議題草案」慶応三年一一月）には、幕府側がもっていた「大政奉還」後の「公議政体」のヴィジョンが最も体系的に描かれている。すなわち一方で「大政奉還」後も全国的行政権の主体としての「大君」（「公方様政府」）の地位を確保しながら、他方で全国的立法権の主体としての「議政院」（一万石以上の大名から構成される上院および各藩一名の代表から構成される下院）を設置することを提言している[16]。慶喜の「大政奉還」の上奏文の中に「広く天下の公議を尽し聖断を仰ぎ同心協力共に皇国を保護仕候得ば、必ず海外万国と可並立候[17]」と述べられているのは、その背後にある「公議政体」論を反映している。幕府側も反幕府側も、それぞれの政治的生存を賭けて「公議」をそれぞれの存在理由としうるよう議会制を導入しようとした点では、全く共通していたのである。幕末日本における公共観念の転換は、天皇制と議会制とによって公共性を体現した明治国家の最も重要な歴史的前提条件であったといえよう。

むすび

明治国家の形成過程の第一段階は、幕藩体制の解体である。それはさらに二つの局面に分けて考えることができる。第一の局面は旧幕府勢力の廃絶と非幕府勢力の協調とが推進された時期である。王政復古から明治二（一八六九）年六月の版籍奉還にいたる時期がそれである。すなわち王政復古のイニシアティヴをとった討幕派は、一方で旧幕府勢力を形式上のみならず実質上も解体するために、徹底した内戦を遂行するとともに、他方でこの内戦を有利に遂行するために非幕府勢力全体の支持と協力を調達しようと努めた。そこで非幕府勢力全体の合意を表す政治的象徴として「公議輿論」が動員されたのである。それは、この時期の明治政府によるさまざまの「公議輿論」の調達機関の設置として現れた。それらは総称して前期的議会制というべきものであった。

まず王政復古後慶応三（一八六七）年一二月には土佐藩の「公議政体」論に基づく上下の議事所が設置された。ついで明治元年三月には政体書に基づいて、上局と下局とから成る議政官が設置された。前者は立法機関と行政機関とが未分化の形態であり、本来の議会制を体現しているとはいえないが、後者は行政機関としての太政官から分立した立法機関であり、その意味ではじめての議会制の試みといえよう。いずれも朝廷および幕府以外の諸藩から成る非幕府勢力の協調の表現としての「公議」の確保を目的とするものであった。

幕藩体制の解体の第二の局面は、諸藩権力の解体である。明治二年五月の箱館戦争の終結は、その始まりであった。すなわち明治政府は内戦終結とともに、権力の集中の度合をさらに高める。それに伴って、「公議輿論」の政治的比重は低減されていく。そのことは「公議輿論」の実体的基礎となった諸藩権力の解体に明治政府が着手したことを意味するものであった。その決定的な第一歩が箱館戦争の終結の翌月から始まった版籍奉還であった。この間「公議輿論」の調達機関は漸次縮小されていく。明治元年九月会津戦争終結の翌月には議政官が廃止される。その下局の後身として明治二年三月に公議所が設けられたが、これも版籍奉還の決定が行われた後、同年七月には集議院と改称され、単なる諮問機関ないし上意下達機関にまでその権限を縮小した。明治四年七月廃藩置県に伴って、太政官職制が布かれるとともに、集議院は太政官左院の一機関に縮小され、明治六年六月には完全に廃止されるのである。このように「公議輿論」の調達機関が縮小されていく過程は、それを支えていた諸藩権力が解体していく過程であり、中央政府が地方権力を圧伏していく過程であった。そしてこの過程が進行していくのと並行して、「公議輿論」を担う主体は、諸藩を拠点とする地方権力から、さまざまの形をとった反政府勢力へ移行していく。「公議輿論」は政府のための政治的象徴から、反政府勢力のための政治的象徴に転化する。

明治六年六月に集議院が廃止された後、その翌年の一月にかつて集議院がその一機関であった太政官左院に提出された民撰議院設立建白書が要求しているのは、かつての「藩別議院」に体現された「公議輿論を採るの制度」の再確立であった。これが導火線となって展開された明治一〇年代の自由民権運動は、政党制的議会制の実現を目標とする政治運動であったが、それを促進したのは明治政府が自ら呼び出した「公議輿論」というデーモンであった。

さらに民撰議院設立建白書に名を列ねた者の中には、江藤新平のように自由民権運動ではなく、それに先立っていわゆる士族反乱に身を投じた者もいた。士族反乱それ自体は、議会制の実現を最優先目的とするものではなかったが、かつて反幕府勢力の「公議輿論」の実体的内容を成していた尊攘論（但し士族反乱の場合には朝鮮を攘夷の対象とする尊攘論）によって動かされていたのであり、その意味で後の自由民権運動との間に深い内面的なつながりをもっていた。事実として、士族反乱に深く共鳴し、西南戦争の翌年明治政府の最高責任者大久保利通を暗殺した石川県士族島田一郎らの「斬奸状」には行動に及んだ理由の第一に「公議ヲ杜絶シ民権ヲ抑圧シ以テ政事ヲ私ス」を挙げ、集議院や左院の廃止にいたる「衆論公議」の調達機関の縮小を批判している。(18) すなわち自由民権運動にしても士族反乱にしても、明治政府に対する抵抗の論理は、かつての幕府権力に対する抵抗の論理と同一のものであった。明治政府は「第二の徳川幕府」であり、これに対しては「第二の維新」が必要であった。民権派が「公議輿論」という維新革命の旗印を反政府運動の旗印に転化したように、士族反乱派もまた「尊王攘夷」というかつての討幕派の旗印を、明治政府に対する反乱の旗印に転化したのである。いずれも「裏切られた革命」に対する公憤において共通していた。

しかし反政府勢力によって「公議輿論」への無視と背反を非難された明治政府当局者もまた、維新革命の主体としてその支配の正当性の根拠を「公議輿論」に置かざるをえなかった。明治八年の「立憲政体」建設の方針を明らかにした詔勅も、明治一四年の国会開設の詔勅も、そのような明治政府の態度を示したものに他ならない。したがって政府と反政府勢力との間には議会制の設置それ自体については合意があったといえよう。問題はそれぞれがいかなる議会制を考えていたかにあった。反政府勢力が考えていたのは、政党制と結びついた議会制であったのに対して、政府当局者の議会制の概念は、政党制から切り離された議会制であった。このような政党制的議会制の概念と反政党制的議会制の概念との対立・相剋は多かれ少かれ明治憲法体制を一貫するものであったのであり、そのことが議会制に基づく公共観念に二重性をもたらしたといえよう。

もちろん二つの分裂した議会制の概念（およびそれぞれに対応する公共観念）を統合していたのは天皇制であった。しかし天皇制の概念（したがってそれに基づく公共観念）にも分裂があった。それは、つまるところ天皇統治をいかに説明するか、いいかえれば天皇を政治的主体として位置づけるか、非政治的主体として位置づけるかという問題をめぐる見解の分裂であった。こうして幕末日本における公共観念の転換に由来する明治憲法体制下の公共観念は、その二つの源泉である天皇制および議会制それぞれの概念の分裂によって多重性を帯びたものにならざるをえなかったのである。

現行憲法体制下の公共観念は、天皇制および議会制の変質とともに希薄化した。天皇制も議会制も明治憲法体制下においてもっていたような、ハーバーマスのいう「代表的に具現された公共性」としての意味を失ったからである。もはや天皇制はすべての価値序列を決定する超越性と普遍性をもっていない。天皇制によって公共性を表象することは困難である。議会制は国民主権の下で政治体制の中枢を占めるにいたり、かつての天皇制に相当する公共性の源泉となったが、しかしそれはかつての天皇制のような絶対性をもっているとはいえない。政党制と完全に一体化した議会制は、今やほとんどあらゆる特殊利益を代表しているが、唯一重要な利益を代表していない。それが国民の公共の利益である。そのような状況が、敗戦後の日本の政党政治が生み出した利益政治といわれるものである。さまざまの特殊利益の間の均衡をいかにとるかというのが、敗戦後の日本の政党政治の一貫した最重要課題であったし、また現にそうである。そのことをいいかえれば、現在の日本には少数意思や多数意思は存在するが、ルソーのいう「一般意思」が存在しないということである。そして「一般意思」こそ国民の公共の利益の表現である。「一般意思」が存在するということが国民主権が機能しているということである。その意味の「一般意思」は少数意思や多数意思とちがって、それ自体として自然に存在するものではない。それは作り出されねばならない。それを作り出すのが政治である。今日の政治の課題は、多元的な特殊利益の拮抗と衝突の現実の中から、それらに共通し、しかもそれらを超える公共性の表象を見出すことである。かつてジョン・スチュアート・ミルが陪審制について指摘したような「公共精神の学校」(school of public spirit)[19]が日本のデモクラシーが利益政治を超えて生き残るために最も必要であろう。

注

(1) Jürgen Habermas, *Strukturwandel der Öffentlichkeit* (durchgesehene Auflage, Neuwied am Rhein und Berlin: Hermann Luchterhand Verlag, 1965) p. 40. 細谷貞雄・山田正行訳『公共性の構造転換』（第二版、未来社、二〇〇二年）四八頁。

(2) *Ibid.*, p. 98, p. 41. 細谷・山田訳、同上、一一六頁、五〇頁。

(3) 三谷太一郎「森鷗外の歴史認識――江戸時代観と同時代観――」（三谷『人は時代といかに向き合うか』東京大学出版会、二〇一四年）参照。

(4) Habermas, *op. cit.*, p. 19. 細谷・山田訳、前掲、二一頁。

(5) 山路愛山『新井白石』一八九四年（山路『史論集』みすず書房、一九五八年所収）一八九頁。

(6) Max Weber, *Wirtschaft und Gesellschaft: Grundriss der Verstehenden Soziologie* (Tübingen: J. C. B. Mohr (Paul Siebeck), 1956) 2 Halbband, pp. 582–583. 世良晃四郎訳『支配の社会学1』（創文社、一九六〇年）二二七―二二九頁。

(7) 福沢諭吉「国会の前途」一八九一年（『福沢諭吉全集』第六巻、岩波書店、一九五九年所収）四四頁。

(8) Sir Rutherford Alcock, *The Capital of the Tycoon: A Narrative of a Three Years' Residence in Japan* (London: Longman, Green, Longman, Roberts, & Green, 1863) Vol. 1, Preface xx–xxi. 山口光朔訳『大君の都――幕末日本滞在記――』上（岩波文庫、一九六二年）四一頁。

(9) *Ibid.*, p. 228. 同上、三四〇頁。

(10) 福沢諭吉『文明論之概略』一八七五年（『福沢諭吉全集』第四巻、前掲所収）一七一頁〔福沢諭吉著・松沢弘陽校注『文明論之概略』（岩波文庫、一九九五年）二四四頁〕。

(11) Weber, *op. cit.*, pp. 552–555. 世良訳、前掲、三九―四四頁。

(12) 徳富猪一郎『新日本之青年』（集成社書店、一八八七年）四一―四二頁。

(13) 福地源一郎『幕末政治家』(民友社、一九〇〇年)五七頁〔福地桜痴著・佐々木潤之介校注『幕末政治家』(岩波文庫、二〇〇三年)六六頁〕。
(14) 尾佐竹猛『日本憲政史大綱』上巻、一九三八年(復刻版、宗高書房、一九七八年)四—五頁。
(15) 吉田松陰「時勢論」安政五(一八五八)年九月二七日(『吉田松陰全集』第四巻、岩波書店、一九三四年所収)五六頁。
(16) 大久保利謙編『西周全集』第二巻(宗高書房、一九六一年)一七七—一八二頁。
(17) 尾佐竹、前掲、七六頁。
(18) 渡邊修二郎『大久保利通之一生』(大学館、一九〇〇年)一九一—一九二頁。
(19) John Stuart Mill, *Considerations on Representative Government* (1861, People's Edition, London: Longmans, Green, and Co., 1875) pp. 27–28.

6　政党政治はなぜ、いかに生まれたか
――英米および日本について――

一国の国家体制を実際に機能させる部分として、はじめて政党内閣を位置づけたのは、一九世紀後半の英国の政治ジャーナリストであったウォルター・バジョットの著書『英国の国家構造』(Walter Bagehot, *The English Constitution*, 1867) である。ちょうど同じ年に刊行されたカール・マルクスの『資本論』第一巻が商品の価値の分析に始まる資本の論理の解明によって、英国近代の歴史的意味を見出そうとしたのに対し、バジョットは英国の国家構造の変化、すなわち政党内閣とその政治の出現を通して、英国近代を政治的側面において捉えようとした。

バジョットが求めたのは、同時代の最も先進的な政治経済学者ジョン・スチュアート・ミルの『代議制統治論』(John Stuart Mill, *Considerations on Representative Government*, 1861) に見られるような権力分立論に基づく国家構造の「紙上の説明」(paper description) ではなく、「生きた現実」(living reality) であった。ちょうどマルクスの『資本論』がしばしばミルの経済学説を辛辣な批判の対象としているように、バジョットもまた、マルクスほどあからさまではないが、暗黙のうちにミルの政治学説を俎上に載せ、それに代わる反対命題を打ち出そうとしたのである。

バジョットはジャーナリストにふさわしく、具体的な人間の行動に即して「生きた現実」を捉えるために、英国の国家構造を「尊厳的部分」(dignified parts, 体制に対する畏敬と忠誠を喚起する部分)と「実践的部分」(efficient parts, 実際に統治する部分)とに分け、「実践的部分」の中心的役割を果たす主体として立法権と行政権とを結合する「内閣」(Cabinet)の重要性を指摘した。これは、ミルが従来の立法と行政との権力分立の観念や、それを再定義した、選挙された議会と競争試験によって選抜された官僚機構との権力分立の観念に依拠したのとは対照的である。ミルの『代議制統治論』においては、「内閣」それ自体への特別な言及はない。

「内閣」は下院(House of Commons)を選挙母体とし、下院は党派を組織単位とする。バジョットによれば、「だから政党は下院に内在するものである。下院の骨そのものであり、息そのものである」。「内閣」が「内閣」として一体性をもつ統治の主体であるためには、連帯責任制や内部機密の保持のような対内規律の他に、それを支える政党の組織規律とそれを強制する政党党首としての首相の下院解散権が必要であった。すなわちここに出現した「内閣」は、必然的に「政党内閣」たらざるをえず、その主導による国家統治は政党政治として行われることとなったのである。

このように君主や上院を「尊厳的部分」とし、政党内閣を「実践的部分」とする一八六〇年代の英国の国家構造を、バジョットは「擬装された共和国」(disguised republic)と呼んだ。そしてバジョットはこの「擬装された共和国」の美点(政党内閣)を、当時の唯一の真正な共和国であった米国の大統領制の欠点(とおぼしきもの)としばしば対比した。

バジョットによれば、大統領政治における立法と行政との分離は、立法権を弱めるのみならず、行政権をも弱める。すなわち両権力の分立は、政府の全体的な統合力を弱める。いいかえれば、共和国の最高権力全体を弱める。大統領は英国首相と異なり、議会に固有の支持基盤を持たず、常に議会によって牽制されるが、逆に議会は大統領の選挙母体ではなく、最高権力の帰趨を決する役割を担わず、したがって議会における議論はしばしば軽視され、国民に対して、世論形成に資する教育的機能を持たない。バジョットによれば、それは「本番の芝居を欠く前口上」(prologues without a play) に過ぎない。四年間の地位が予約されている大統領のリーダーシップは、必ずしも状況の変化、とくに危機の到来を予定したものではなく、議会多数党やその背後にある世論の動向によって、状況の変化に対応しうる首相を随時登場させることができる英国の場合とは異なる。

しかし米国の場合もまた、厳格な権力分立制の下で、事実として政党政治が形成されていったことは否定できない。確かに米国憲法の起草者たちは、権力分立制によって議会多数派による国家支配を抑止しようとした。それは彼らが警戒し、ミルのような後世代の自由主義者たちもまた恐れた「多数の圧制」(tyranny of the majority) に対する防波堤であった。この点では、選挙権拡大による「下層階級の政治的結集」を「教育に対する無知、知識に対する数の優越」を意味するものと見たバジョットも同じであった。米国の「建国の父祖たち」にとって、憲法の至上目的は「自由」(とくに宗教的自由) の保障にあり、特殊利益が国家を支配することを意味すると考えられた政党政府は、「自由」の要請と相容れないものとして受け取られたのである。

バジョットが指摘したような大統領制の欠陥があったとすれば、高度に権力分立的な憲法を現実に作動させるためには、大統領制を補完する何らかの非制度的な体制の統合主体が必要となる。米国において、その役割を担ったのは、結局大統領の選出母体としての二つの全国的政党であった。しかも逆説的にも、これらの二つの全国的政党は、共に本来反政党的であった憲法起草者たち自身によって作られることとなったのである。米国における政党の観念の定着過程を研究した歴史家リチャード・ホフスタッターによれば、「この反政党的憲法（Constitution-against-parties）を救い、それを統治の有効な道具たらしめたものこそ、まさに政党であった」（Richard Hofstadter, *The Idea of a Party System*, 1969）。このような米国政治史における逆説は、そのまま日本政治史にも適用しうるものであった。

「王政復古」の所産である明治憲法は、かつての幕府のような天皇主権を代行する国家機関を徹底して排除しようとした。その目的にとって、米国のような厳格な権力分立制は、極めて適合的と考えられた。したがって明治憲法が導入した権力分立制は、立法権および行政権を連結する英国のような議院内閣制、ひいては政党内閣制を排除する志向を持っていた。日本の反政党内閣論者の急先鋒であった憲法学者穂積八束が英国の政党内閣を「専制政体の一種」として退ける一方で、他方米国憲法の権力分立制を明治憲法の予定する政体の原理と合致するものと評価した所以であった（穂積八束『憲法提要』一九一〇年、上杉慎吉編『穂積八束博士論文集』一九一三年）。

ところがこのような天皇主権のメダルの裏側としての権力分立制は、明治憲法がその外見上の集権主義的構成にもかかわらず、現実に権力を統合する制度的主体（バジョットのいう「実践的部分」）を欠いていたことを意味する。主権者である天皇は本質的には「尊厳的部分」であり、常時権力を統合する「実践的部分」ではなかった。また内閣総理大臣もまた、英国の場合と異なり、他の国務大臣に対する統制力が弱く、閣外からは軍部や枢密院の拘束を受けなければならない存在であった。さらに多くの場合、議会に拠点を持たなかったことが議会に対する関係においてのみならず、他の機関との関係においても内閣総理大臣の地位を一層弱めた。したがって明治憲法体制は全体を統合する役割を担う何らかの非制度的主体を必要とする。それはちょうど米国において、高度に分権的な憲法を現実に機能させるために、体制全体の政治的凝集力を担う何らかの非制度的主体を必要としたのと同じであった。

日本において分権的体制を統合する役割を担ってまず登場したのは、憲法制定権力の中核としての藩閥である。藩閥は行政部・貴族院・枢密院・軍部・宮中を縦断する政治勢力（faction）として体制を機能させた。ところが藩閥は体制全体の統合主体としては不完全であった。藩閥は衆議院を支配することができなかったからである。衆議院が予算および法律案の議決権を持つ以上、藩閥は衆議院を支配する政党を無視することはできなかった。他方で政党もまた、衆議院の多数がそれだけでは政権を保障する要因でない以上、藩閥との妥協や提携が政治戦略上必要であった。こうして両者の相互接近が始まり、その過程を通して、自らの拡大再生産が困難な藩閥は、結局政党化していく。藩閥は衆議院の多数を掌握するために組織として希薄化し、政党化するのである。藩閥以後、政党以外に体制の統合を担う政治的主体はなかった。政党が「実践的部分」となりえた時期、それが日本における政党内閣期であった。

以上に見たように、日本の政党内閣は、本来反政党内閣的志向を持っていた明治憲法に基づく権力分立制の下で、体制を統合する政治的必要から生まれた所産であった。この点では、日本の場合は立憲主義の枠組の中から政党政治が形成され、発展していった英米の場合と同じ類型に属するといえよう。今日の衆参両院が拮抗する実質的二院制は、明治憲法下の権力分立制によって貴衆両院が対立していた実質的二院制と連続するものであり、日本の政党政治の母胎が明治憲法に由来する立憲主義にあることを感じさせられるのである。

政党内閣が制度上の政治的中心として確定している今日の日本において、政治の質を高めるためには、むしろ政党から独立した二つの制度的主体がその固有の役割を果たすことが必要である。一つは党派を超えた公共精神を体現すべき議会そのものである。議会の下部構造はもちろん政党であり、議会の最も重要な機能は多数党党首たる首相の選出であるが、その他にバジョットが指摘しているように、議会にはあらゆる問題について国民の意思を表現する機能（expressive function）や国民に対して当面する問題の意味を説明し、その理解を深める教育的機能（teaching function）や、さらに個々の政党が必ずしも代弁していない特殊な不満や意見を国民に知らせる機能（informing function）などがある。このような首相選出機能以外の議会固有の機能を担うことによって、個々の議員は党派を超えた国民代表としてのそれぞれの独自性を発揮すべきであろう。

もう一つは、政党に従属せず、それから独立した行政部である。それは、“public services”（「公共事務組織」）の名で呼ばれる。日本においては、一九五〇年代後半以降、長期にわたって行政部と一体化した与党、あるいは与党と一体化した行政部の主導によって、事実上の一党制（一党優位制）が行われ、与党と行政部との相互的独立が侵されて来た。その結果議会の行政に対するコントロールは確実に減り、逆に議会を支配する与党に対して、行政部の従属性が深まった。

公共精神を体現する議会および政党から独立した行政部は、政党政治にとって不可欠の要素である。なぜならば、それらは個々の政党自体よりも、政党制（party system）全体を強めるからである。政権交代はそれら二つの制度的主体を媒介とすることによって円滑に進められ、逆に政権交代によって、それらの独立性が確保される。政権交代は複数政党制を実質化するのみならず、政党を超えた公共的価値の形成を進めるであろう。ひるがえって考えれば、政党政治の母胎としての立憲主義の本来の目標価値は、自由の理念に基づく公共的価値であり、それは今日の政党政治が回帰すべき目標価値でもある。

II　知的共同体を生きる

1　二人の精神的リーダー
——新渡戸・南原賞受賞挨拶——

新渡戸・南原という二つのビッグ・ネームを冠した賞をいただくこととなり、光栄に思います。これまでこの二人の学者から多くを学んできただけに、特別の感慨があります。

二人はそれぞれの時代の日本を代表する精神的リーダーでありました。新渡戸稲造は戦前の日本が最も国際主義的であり、かつ最も自由主義的であった時代を代表し、その時代の精神を導いたリーダーであります。学者としての新渡戸にはいろいろの面がありますが、今日から見て重要なのは、日本におけるアメリカ研究の先駆者の役割を果たした点であると思います。そしてアメリカを通して日本の進む方向を洞察した点であると思います。新渡戸は若き日に東京大学の外山正一の社会学講義やアメリカのジョンズ・ホプキンズ大学の経済学者でキリスト教社会主義者であったリチャード・イーリーの講義を通して学んだ英国の社会学者ハーバート・スペンサーの社会進化論に則って、人類社会は軍事型社会から産業型社会に移行するのであり、日本もまたその例外ではないという見通しを立てました。よく知られているように、多くの青年読者を引き付けた同時代の先進的知識人徳富蘇峰の『将来之日本』（明治一九年）もまたスペンサーを踏襲しながら、「武備社会」から「生産社会」へという同じ見通しを示しています。

スペンサーの社会進化論は明治日本の社会科学における共通の前提であったのみならず、産業型社会の形成の途上にあった同時代のアメリカにも強い影響を及ぼしました。アメリカにおいては、それは単に学問的影響を及ぼしただけでなく、有力な企業家たちをも捉え、資本主義の発展を推進するイデオロギー的要因として働いたことがリチャード・ホフスタッターの有名な研究（*Social Darwinism in American Thought*）によって明らかにされています。新渡戸の『武士道』もこの社会進化の仮説に則って書かれたものであり、日本における軍事型社会の最高の道徳である「武士道」が軍事型社会の崩壊後、アメリカにおいて最も典型的に形成されつつある産業型社会の道徳――新渡戸はこれを「武士道」に倣って「平民道」と名付けましたが――にいかに継承されていくのかという問題意識から『武士道』は書かれたと私は理解しています。一高生徒として新渡戸校長の「倫理」講義に反発した芥川龍之介は、後に「武士道」批判（そして新渡戸批判）をモティーフとする短篇「手巾」を書いていますが、このような批判に耐えうる「武士道」は「平民道」として再生したものでしかありえないというのが新渡戸の考えであったと思います。今日の日本において産業型社会の最先端を行くアメリカを通して日本を見るという視点は多くの分野で一般的でありますが、その原点は新渡戸にあったと考えます。

南原繁は、戦後の日本において旧体制の崩壊（それこそ軍事型社会の崩壊）に伴って生じた精神的無政府状態の中で、日本という「国民共同体」を再生させる新しい精神的秩序の理念を吹き込み、実際にそれを建設する指導的役割を果たした精神的リーダーでありました。敗戦によって生じた無秩序の状態に対して秩序を与えるという事業を精神面において担ったのが南原でありました。南原はそれを「精神革命」と呼びました。南原は「精神革命」によってのみ、失われた精神的秩序を回復しうると考えたのです。「精神革命」の第一歩が教育改革でありました。それを主導するリーダーとなった南原は、かつて明治末年に一高生徒として、三歳年少の芥川とは逆に強い精神的影響を新渡戸から受けました。そして戦後の「精神革命」のモティーフもまた新渡戸から得たのです。昭和二四（一九四九）年一二月南原が東京大学総長として「被占領国に関する全米教育会議」に出席し、日本における教育改革の理念について講演するために渡米した際、新渡戸の遺品である外套を着用していたことは象徴的意味をもっているといいます（本書Ⅱ-3を参照）。もちろん南原に強い影響を与えたもう一人の師は内村鑑三でありますが、戦前・戦中に比して、戦後の南原には新渡戸の影響がより前面に出ているように思われます。

南原は教育改革に際して、新渡戸によって体現された「教養」の理念を教育の主要な目標として掲げました。この点では『大衆の反逆』の著者オルテガ・イ・ガセットが同じ時期に刊行された『大学の使命』という著書の中で大学教育の改革の理念として掲げたものと同じでありました（拙著『学問は現実にいかに関わるか』東京大学出版会、二〇一三年、Ⅰ-3を参照）。「教養」とは要するに他者を理解する基礎的能力であります。旧体制における専門家支配（軍事専門家をはじめとするエリート支配）が敗戦によって破綻した現実の中で、南原は広く一般国民レベルにおける「教養」の確立を新しい教育の目標とする教育制度の改革を試みたのであります。それはちょうど新渡戸が「武士道」という貴族道徳の再生を「平民道」（道徳としてのデモクラシー）の確立に求めたのと同じでありました。

新渡戸・南原の思想の系列が教育を通して戦後六六年の日本の形成に大きな指導的役割を果たしてきたことに疑いはありませんが、今日の第二の戦後ともいうべき日本の危機的状況の中で、それをどのように継承し、発展させるべきかが今問われていると思います。

(以上の文章は、二〇一一年九月二六日に行われた授賞式に実際に口頭で述べたものを補足したものである。)

2　南原繁百十五歳
――第一回南原繁シンポジウム献杯の辞――

南原先生の終戦工作

僭越でございますが、ご指名でございますので、献杯の発声をさせていただきます。その前に恐縮ではございますが、南原先生について一言述べさせていただきたいと存じます。

先生没後三〇年（そして生誕一一五年）という決して短いとは言えない歳月を経過いたしました今日、先生の学問、その政治哲学がどういう意味を持っているのかという問題が、本日（二〇〇四年一一月二〇日）のシンポジウムで問われました。

ご承知のように、先生は太平洋戦争末期に志を同じくする当時の東大法学部七教授のリーダーとして、多大の危険を冒して終戦工作に従事されましたが、まずそのことに触れたいと思います。

そもそも先生は、太平洋戦争およびそれを導き出した日中戦争に対して、特にその開戦に責任を負う日本の立場に対して、強い反対の意思を固持しておられました。

言うまでもなく先生は最も純粋な愛国者であり、天皇擁護者でもありましたが、それにもかかわらず、あるいはそれゆえに、内面に深刻なディレンマを抱えながら、国益を超えた普遍的・人類的正義の立場から、戦争については、あえて日本の敵国の立場に与《くみ》されました。

そして同じ立場から、天皇が自ら責任をとって戦争終結に主導権をとることを、日本のために、また天皇のために要請されました。先生が主として、直接に天皇に影響力を持つ重臣と言われた政治家や、天皇側近を通じて天皇に働きかけた所以はそこにありました。

この終戦工作については、先生ご自身は生前多くは語られず、私が先生に直接お尋ねした際にも、「大した効果はなかったんじゃないかと思う」と述べるにとどめられました。この件については、当初から七教授の間で、事後にも一切を公表しないという申し合わせがあり、先生はできるだけそれに忠実であろうとされたのかもしれません。

小さくなかった影響

しかし、生前の先生の謙抑な評価にもかかわらず、私の見解では、先生を中心とする七教授の活動は、先生が想定されたよりも大きな効果を持ったように思われます。

先生没後に『昭和天皇独白録』として公表された宮内省御用掛・寺崎英成（外務省出身で、東大法学部在学当時、政治史を講じていた吉野作造博士に深く傾倒・親炙し、吉野博士の日記によれば、寺崎は大学院に進学し、吉野の指導のもとで政治史を専攻することを希望していたようです）の作成資料によれば、昭和天皇は木戸幸一内大臣を通して、先生らの終戦工作を知っていたようです。

同資料によれば、昭和天皇は、「木戸の所に東大の南原〔繁〕法学部長と高木八尺とが訪ねて来て、どうして〔も〕講和しなければならぬと意見を開陳した」と述べ、それを「国民の間には講和の空気が濃厚となって来た」ことの表れと指摘しています。おそらくポツダム宣言受諾に至る天皇の判断（いわゆる「聖断」）形成過程において、先生らの終戦工作の及ぼした影響は決して小さくはなかったのではないかと思われるのであります。

なお、先生がその主張を天皇に伝達するために、終始、密接な連絡を保った木戸内府——先生と内府との連絡は、しばしば内府の次男で、当時、東大法学部学生であった木戸孝彦氏をメッセンジャーとして行われたようです——は、敗戦後、A級戦争犯罪容疑者として極東国際軍事裁判の被告人となり、巣鴨拘置所に収監されますが、裁判中の一九四六年から四七年にかけて、二度にわたって先生の『国家と宗教』を読んでいます。先生の精神的影響力は、終戦工作を媒介として、かつての日本帝国の中枢にまで及んだと言ってもよいかもしれません。

時代精神の形成者

そのいわば必然的な結果として、先生は戦後日本の国民的指導者として、特に精神的指導者として非常に大きな役割を担われました。その成果が、「戦後民主主義」と言われる一つの時代精神の形成であったことは言うまでもございません。しかし先生は、「戦後民主主義」の建設者であったと同時に、その批判者でもあったことを見逃してはならないと思います。そして、その批判者としての面は、先生の政治哲学を一貫する「自由民主主義」批判として表現されていたと思います。それはおそらく、先生が研究者として出発されて以来、持っておられたものでありますが、それが最初に最も鮮明な形をとったのが、一九二八（昭和三）年一〇月に発表された「自由主義の批判的考察」という論文であり、またその翌年に発表された「個人主義と超個人主義」等の論文であります（いずれも『自由と国家の理念』という論文集に収められております）。

政党政治を根元的に批判

先生はもちろん、「自由主義」や「個人主義」が歴史上に果たした重要な貢献を十分に認められましたが、同時に、単なる「自由主義」「個人主義」、さらにその発展としての「自由民主主義」では、政治社会そのものの価値を基礎づける理論としては不十分であり、政治哲学の課題は「自由民主主義」を超えることだと考えておられました。

「自由主義の批判的考察」が書かれた一九二八年は、日本においては政党内閣の時代であり、男子普通選挙が初めて行われ、また陪審裁判が始まった年でもありました。当時は田中義一政友会内閣の時期であり、その内政・外交に対してはさまざまの批判がありましたが、政党内閣が将来にわたって続いていくであろうという見通しについては、おそらくだれも疑っていなかったと思われます。

そのような政党内閣全盛の時代に書かれた先生の「自由主義の批判的考察」という論文は、今から振り返って考えると、当時の政党政治を、それを支える最も有力なイデオロギーの深みにおいて批判したものであり、その意味で当時の政党政治に対する最も根源的な批判であったのではないかと思います。

そして、そのような先生の「自由民主主義」批判は、敗戦後、東大総長として、あえて最初の「紀元節」を選んで、学生を通して全日本国民に呼びかけた「新日本文化の創造」におけるマルクシズム批判およびアメリカニズム批判に表れ、さらにはるかに時を隔てて、冷戦後の今日の日本および世界の現状を正当化する支配的イデオロギーとしての「自由民主主義」に対する批判として、よりいっそうの妥当性を持っているのではないかと思われるのであります。

現代に妥当する日本と世界への批判

お亡くなりになる少し前に先生は、「歳をとってくると、年末近くになってカレンダーが薄くなっていくのは淋しいものなんだ」と述懐され、「君たちはいいね、二一世紀が見られて」と慨嘆されました。

確かに私どもは、こうして今、二一世紀に生きているわけでありますが、この二一世紀が果たして先生が期待されていたようなものであるかどうかには大きな疑問があります。確かなことは、先生がかつて二〇世紀の一九三〇年代から四〇年代の日本および世界に対して発せられた批判が、そのまま二一世紀初頭の日本および世界への批判としても妥当するということではないかと思います。

以上、政治哲学者としての南原先生について私の考えるところを述べましたが、先生には政治哲学者以外のさまざまの面があり、本日お集まりの皆様も、それぞれに異なる南原先生のイメージを持っておられることと思います。そこで、皆様それぞれのイメージにおける南原先生を追慕して、全員で先生の御霊に献杯いたしたいと存じます。

3　南原東大総長の米国訪問と二人の外国人日本史家

――第五回南原繁シンポジウム献杯の辞――

私は二〇〇四年に開催された第一回南原繁シンポジウムの際の懇親会にも、献杯の発声を仰せつかり、今回は二回目でございます。

本日（二〇〇八年一一月二九日）は、戦後教育改革において、南原先生が果たされた役割について、寺﨑（昌男）先生の意義深いご講演を拝聴し、また戦後教育改革をめぐって、南原先生と関係の深かった人々について、南原繁研究会の方々から、それぞれに内容のある周到なご報告をうかがうことができ、大いに裨益させていただきました。

ここで想い起こすのは、南原先生が一九四九年一二月に「被占領国に関する全米教育会議」出席のため渡米され、ワシントンD・Cで日本における教育改革の理念について講演された後、全米各地の大学を訪問された際、ニューヨークのコロンビア大学を訪問されたことであります。私は一九六九年から七〇年まで一年間コロンビア大学の東アジア研究所で研究生活を送りましたが、到着後間もなく、全く思いがけず、日本の肉親や友人の誰よりも早く、他ならぬ南原先生からお手紙をいただきました。日本からニューヨークへの最初の音信が実に先生からのお手紙であったわけであり、今も当時の感激を忘れることができません。

今考えますと、先生は、かってコロンビア大学を訪問された当時、特別の印象を残しておられたのではないかと思います。当時のコロンビア大学総長は、後に大統領になったドワイト・アイゼンハワーであり、先生はアイゼンハワーを総長公邸に訪問されました。その際コロンビア大学で先生をお世話したのが東アジア研究所の初代所長で著名な英国人日本史家サー・ジョージ・サンソムと、同副所長でアカデミックな米国人日本史家の草分けであるヒュー・ボートン教授でありました。サー・ジョージ・サンソムは、一九〇三年に英国の領事官試験合格後、日露戦争が始まった一九〇四年に通訳生として最初の赴任先である駐日英国公使館（日露戦争後一九〇五年一二月に公使館から大使館へ昇格）に着任して以来、一九四〇年まで実に三十余年にわたって外交官として日本に勤務しました。その間日本文化史の研究にも研鑽を重ね、世界有数の日本史家として卓越した業績を挙げました。私などは、特に『西欧世界と日本』という著書に大きな刺激を受けました（「普遍主義的経験論者――ジョージ・B・サンソム『西欧世界と日本』をめぐって――」『近代日本の戦争と政治』岩波人文書セレクション、二〇一〇年を参照）。サンソムは、一九三〇年代末には吉田茂らのグループ（当時英国などでは「穏健派」と呼んでいたグループ）と深く交わり、個人的には、時代の変化（特に日本国内の対英世論の変化）によっても変わらない吉田の友好的な態度に好意を持っていましたが、当時のクレーギー駐日英国大使らが密かに抱いていたような、日本の対外政策を変える「穏健派」への期待はもっていなかったようです。したがって日本の内部から戦争を阻止する力が生じることは信じていませんでした。日本の敗戦後は、サンソムは極東委員会の英国代表となり、吉田はしばしばサンソムの助言を求めていたようです。

ヒュー・ボートン教授は一九二八年にクエーカーの国際事業のためにはじめて来日し、東京においてたまたま駐日大使館の経済担当参事官であったサンソムが開いていた日本文化史についてのセミナーに参加するのであります。これが日本史家としてのボートン教授の道を開くことになったのであります。また東京において、新渡戸稲造博士とも出会い、ボートン教授が来日した年に起きた張作霖爆殺事件が日本軍部の謀略であったことを新渡戸博士から聞くのであります。ボートン教授は後に江戸時代の百姓一揆の研究で学位をとりました。戦中は国務省において日本の敗戦に備えて、対日占領政策の基本的枠組の立案に当たりました。

サー・ジョージ・サンソム（左），南原繁東大総長（中央），ヒュー・ボートン教授（右）（ニューヨークのコロンビア大学にて，1949年）
出典　Katharine Sansom, *Sir George Sansom and Japan: A Memoir* (The Diplomatic Press, Inc., 1972)

ところで南原先生がコロンビア大学を訪問された当時、先生とサー・ジョージ・サンソムおよびヒュー・ボートン教授の三人がコロンビア大学のキャンパスで撮影された写真が残っています。サンソムは一九六五年に亡くなりましたが、没後カサリン・サンソム夫人が『サー・ジョージ・サンソムと日本』という題名で、戦前から戦後にわたって、日本に言及した夫妻の手紙や日記の抜粋等を収録した書物を一九七二年に刊行しました。その本の中に挿入された写真の一枚として、コロンビア大学の本部に通ずる長い階段を下りて行く三人の写真が収められているのでありま す。サー・ジョージが先導し、ボートン教授が新渡戸博士の形見のオーバーコートを着ている南原先生に寄り添っている写真であります。この写真を見ると、南原先生が主導した戦後日本の教育改革が、その写真に遺品のオーバーコートの形で写っている新渡戸博士はもちろん、サー・ジョージやボートン教授のような日本にとっての最良の知的友人に支えられたものであったことを感じさせられるのでありま す。戦後教育改革は、そういう人々を含む当時の国際的な知的共同体に深く根ざしたものであったことを感じさせられるのであります。

なお付け加えれば、この三人の写真を『サー・ジョージ・サンソムと日本』に収録したカサリン・サンソム夫人にとって、その場合の「日本」とは、サンソムが外交官として親しく交わった吉田茂の日本では必ずしもなく、実は南原繁の日本ではなかったかと思うのであります。現にこの書物に含まれている数枚の写真に写っている唯一の日本人は、南原先生であります。(なおカサリン・サンソム夫人自身、岩波文庫で翻訳の出ている『東京に暮す』(一九三七年)という昭和初期の日本人の生活を深い理解をもって描写したエッセーを書いています。それは直接に当時の日本の政治を論じてはいませんが、その中に一、二、実に鋭い政治的観察も見られます。)

なおさらに付け加えれば、サー・ジョージ・サンソムは、コロンビア大学で南原先生に会った後、一九五〇年一二月に来日し、当時日本太平洋問題調査会調査委員長を務めていた矢内原忠雄先生の発意で、総長在任中の南原先生の招聘によって、東大で五回にわたる講演、“Japan in World History”と題する講演を行っております。これはその翌年岩波新書として『世界史における日本』と題して出版され、さらに英文のまま研究社から小英文叢書としても刊行されました。これは、日本史はローカルな歴史として扱ってはならない、世界史の中に日本史は位置付けられなければならないという学問的立場から行われた講演であり、日本の比較歴史的考察（特に英国との対比における）という意味で非常に優れたもの、今でも、というより、今こそ広く読まれるべきものと私は思っております。またヒュー・ボートン教授は、南原先生が亡くなられる二年位前ではなかったかと思いますが、来日された際に「ぜひ南原先生にお会いしたい」といわれて、私が先生に連絡を取り、戦中に学生として先生の演習に参加していた中国政治外交史の坂野正高教授と四人で学士会館で昼食をいただきながら、先生の訪米当時の思い出をうかがったことがありました。

以上南原先生をめぐる人々の中に付け加えられてよい二人の外国人の日本史家について述べ、日本の戦後教育改革の国際的文脈に思いを馳せた次第であります。南原先生について思うことは、今日もなお尽きません。たとえ思い出は尽きても、思うことは尽きません。このように今日もなお、われわれをさまざまな思いに駆り立てる先生の存在に対して、それぞれの思いを込めて献杯いたしたいと思います。

4　亡き師の導き
——岡義武先生の演習参加者との交遊——

一九三一（昭和六）年から六三年にかけて東京大学法学部で欧州や日本の政治史・外交史を講じられた岡義武先生は、講義や演習に参加した多くの卒業生に後年にまで残る精神的影響を与えられた。先生の学問と人格には、理想性と現実性との二面性があり、それらが分かちがたく結びついていたことが学界だけでなく、政界、官界、経済界などへ出ていった広い範囲の卒業生を引きつけ、その影響を深いものにしたと思う。

先生は目に見えるものしか信じない偏狭な現実性を排されるとともに、「感傷」におぼれない理想性を重んじられた。先月（一九九七年六月）刊行された『岡義武ロンドン日記　一九三六―一九三七』（岩波書店）にも、先生のそんな二面性がよく表れている。

先生のかつての演習参加者の会は、先生没後もなお続いている。特に五一、五二年度の参加者を中心とする会は毎年一〇月五日の先生の命日のころ、墓所の祐天寺に会し、夫人を囲んで先生を偲《しの》んでいる。この会には日経連会長の根本二郎氏ら、主として経済界の人々八人が参加しており、先年物故された西友会長だった高丘季昭氏も熱心な参加者であった。学界に身を置く後進の私も、お誘いを受けて出席している。

この会では、参加者はそれぞれのビジネスからは全く離れ、もっぱら「書生談」を楽しんでいる。それは現代の「君子」であった先生の人となりを反映して、淡なること水のごとき交遊であり、私はそれを好ましく思っている。

5　丸山眞男先生についての断片的な回想

この席には、多年昵懇《じっこん》にさせていただいている方々がいらっしゃいます。また久しくご無沙汰しております方々もいらっしゃいます。こちらにお見えになっている皆さんは、丸山眞男先生と何らかの関係で、直接接触のあった方々がほとんどではないか。そして、丸山眞男先生から非常に深い影響を受けられた方々ばかりである。したがって、皆さんそれぞれ、私以上に深い、あるいは独自の「丸山眞男論」というものをお持ちの方々ばかりだと思います。

私も先生とはもちろん直接の接触はありましたし、また先生からいろいろ教えを受けた人間でありまして、我々の世代と言っていいのかどうか分かりませんけれども、私はかつて「丸山世代」というのがあるということを書いたことがあります（「わが青春の丸山体験」『学問は現実にいかに関わるか』東京大学出版会、二〇一三年）。おそらく広い意味で、こちらにいらっしゃる方々は丸山世代に属する方々ではないかと私は思っております。今日の私のお話は、皆様それぞれが持っていらっしゃる独自の丸山眞男論というものを披瀝していただく、一つの端緒の役割を果たせればいいというふうに考えるわけです。

今日は、丸山先生について私が関心を持っているいくつかのテーマについてお話しいたします。

宗教観（道徳観）について

まず、丸山先生には、「道を求めて道を得ざりし者」という自覚がありました。この「道を求めて道を得ざりし者」という表現は、私が直接先生から伺ったのではなくて、先生の非常に近いお弟子である松沢弘陽さんと話していた時に、こういうことをかつて先生がおっしゃったと聞いたのです。たまたま松沢さんと先生の宗教観・道徳観というものはどういうものだったのだろうかという話をしていた時に、先生自身が「道を求めて道を得ざりし者」という自覚が自分にあるんだと言われたそうです。だから、もし自分が亡くなって墓碑銘を彫るとしたら、「道を求めて道を得ざりし者ここに眠る」と書いてもらいたいぐらいだ、と言われたというのです。私にとって、これは非常に印象の強い言葉であります。

ここに先生の師である南原繁先生との決定的な違いがあったというふうに私は思っております。南原先生は「信ずる人」ですね。「信ずる人」には愚直さがあります。丸山先生は信ずるよりも「疑う人」ではないか。それが宗教観にも影響を及ぼしているように思いますね。丸山先生は南原先生のように特定の宗教に強くコミットすることのできなかった人じゃないかという感じが私はいたします。

語弊があるかもしれませんけれども、私の見るところでは、「道を求めて道を得ざりし者」という自覚があったが故に反面で丸山先生は非常に厳しい道徳観を持っておられたというふうに思います。特に、外面的道徳というものを、我々が感じる以上に重んじられたんじゃないか。特に先生は外面的道徳の「礼儀」というものを非常に重んじられた方だというのが、私の印象なのであります。

例えば師弟関係について、「師、師たらずとも、弟、弟たらざるべからず」ということを先生は言われました。師というものがいかなるものであっても、弟子には弟子の守るべき厳然たるモラルがある、礼儀がある、ということを言われたのが、私には強く印象に残っております。ですから先生は、ある面では儒教道徳の価値さえ認めておられたんじゃないかと思われるわけです。

これは内村鑑三の説ですが、人間がなぜ宗教を必要とするかと言えば、人間は神と禽獣との間にあり、人間が神ならば、もちろん宗教は必要ない。人間が禽獣であるならば、これは自然によってすべての行動様式が規定されているわけですから、禽獣にも宗教は要らない。神と禽獣の間に人間があるからこそ、宗教が必要なんだということを内村鑑三は言っています（「宗教の必要」一八九五年）。

丸山先生にも、人間が禽獣に墜ちないために何が必要か、という問題意識があったように思います。それが非常にはっきりと出ているのが、先生の「偽善のすすめ」（『丸山眞男集』第九巻、岩波書店、一九九六年）というエッセーです。その中で先生は「なぜ偽善をすすめるか。……偽善は善の規範意識の存在を前提とするから、……善の意識のない状態にまさること万々だからである」と書いています。そして「偽善にはどこか無理で不自然なところがある。しかしその無理がなければ、人間は坂道を下るように動物的『自然』に滑り落ちていたであろう」として「偽善の積極的意味」を強調しています。丸山先生にとって、道徳は宗教に代替する役割を果たしていたと思います。その意味で、荻生徂徠と共通する人間観、あるいはマキアヴェッリとも共通する人間観と、それに対応する道徳観というものを持っておられた。その点では、福沢諭吉と同じであったというふうに私は思います。

これは今日触れる、北畠親房を主題とした「神皇正統記に現はれたる政治観」(『丸山眞男集』第二巻)と関連するのです。この論文は、一九四二(昭和一七)年六月、ちょうど日米両軍の間でミッドウェイ海戦が行われた前後に書かれた論文であります。この中で、先生が北畠親房を評価しておられるのは、親房の寛容主義的な、自由主義的な宗教観なのです。

これは当時の北畠親房に対する狂熱的な傾倒が世上に見られた状況の中で書かれたものですが、その中で先生は、「彼は為政者が一宗一派に偏せず自由な態度を以て諸教・諸道を国家統治の具とすべき事を力説している。為政者にかぎらず、一般に教学に対する狂熱的な偏執は彼の最も忌むところであった」として、「一宗に志ある人、余宗を謗《そし》りいやしむ、大きなるあやまりなり。……我はこの宗に帰すれども、人はかの宗にこゝろざす。共に随分の益あるべし」という『神皇正統記』の中の言葉を引いて、いろいろな宗教に傾倒する人々が、それぞれそれに従った益があるのだ、と一種の宗教的寛容について北畠親房が述べていることを強調しておられるように思います。

と同時に私は、先生は道徳の内面性、つまり、結果よりも格率(Maxime)を最優先するという、道徳の内面性というものを重視したように思います。つまり、道徳的価値というのは、外面に現れた行為によって決定されるのではなくて、「心意」(Gesinnung)によって決定されるというのが、カントの命題でありますが、そうしたカント的な価値判断が、丸山先生にはあったように思います。そういう価値観から「神皇正統記に現はれたる政治観」で北畠親房を評価したというふうに私はみております。

この論文は、いろいろな意味で、丸山先生の資質、特質というものが非常によくあらわれた論文で、私はこの論文を非常に高く評価しておりますが、その中で先生は、親房における一切の政治的営為を主体的に制約する最高理念として、「正直」ということをあげている。

「正直」の源というのは、「心に一物をたくはへざるをいふ。……己が欲をすて人を利するを先として、……鏡の物を照らすが如く明々として迷はざらん」、そういう状態が正直なんだと言う。「すなわち正直とは、なにより『心に一物をたくはへざる』こと、換言せば外的なものの働きかけを悉《ことごと》く排除し、純粋な内面性に徹することである」というのが先生の見方です。そして、「ここにまず一切の功利的結果主義的観念の否定が宣告される」という。

ウェーバーが『職業としての政治』で展開した、いわゆる心情倫理と責任倫理の問題が、ここで北畠親房に照らして出てくるわけです。親房は「純粋な内面性に徹する」立場であり、「一切の功利的結果主義的観念の否定が宣言される。しかしそれは決して虚無的な主観主義ではない」と。「内は外を否定する事に於て却《かえ》って外に働きかけて行く。かくて『一物をたくはへざる心』は当然に『己が欲をすて人を利するを先と』する態度として社会的に発現されるのである」。つまり、純粋な内面性に徹すれば徹するほど、外にそれが出ていく、社会的に発現していく。そして、「『正直』によって主体的に制約される政治は、必ずや客観的には、民衆のための政治として発現すべき筈《はず》である」。そして「政治の究極理念を殆んど宗教的な高みにまで追究する彼は、他方その地盤を最も日常的具体的なものへと掘り下げる」とも指摘しておられます。

「政治に於ける、いわば心情の倫理（Gesinnungsethik）としての『正直』と責任の倫理（Verantwortungsethik）としての『安民』とは親房に於ていささかの乖離も存せず、むしろ必然的に相補うものとして観念されたのである」。つまり、「心情の倫理」というのは必ずしも「責任の倫理」と相反する関係にあるものではない。むしろ、高いレベルの心情の倫理は、高いレベルの責任の倫理を要請する、というのが、先生の昭和一七年当時の考えではなかったかというふうに思います。

そして論文は「政治的実践の成否はいかにもあれ、つねに『内面性』に従って行動することの価値を説き自らもそれに生きぬいた思想家としての北畠親房は幾百年の星霜を隔ててなお我々に切々と呼びかけている」と結ばれています。

「神」なき日本近代批判——天皇制批判

先生は日本近代の批判者であったと言われます。私もまたその通りであると思いますが、その日本近代批判の核心というのは、何と言っても、天皇制批判です。日本近代というのは、徹底して西洋近代をモデルとしてつくられた。西洋近代というのを一つのファンクションの体系、機能の体系とみなして、そういう機能をいかにして日本の中に実現していくか、そういう問題意識でつくられたものですが、その日本には西洋近代が持っていた神がないと。それならば、神のない日本でいかにして西洋近代をつくるか——これが、伊藤博文以来日本の近代化を先導した人々の問題意識であった。ご承知のように、それが結局、神格化された天皇というかたちで神の機能をそこに与えたということであろうと思います。

そこで先生の日本近代批判は、神なき日本近代の批判というかたちを取ったと思うわけであります。

つまり、擬似宗教によってつくられた日本近代を批判する。先生には、擬似宗教によっては国家を超越した普遍的価値を形成することはできないという認識があったと思います。

先生は現行憲法のもとでの天皇制、いわゆる象徴天皇制に対しても、擬似宗教の主宰者という天皇の機能は不変である、と見ていたのではないかと思うのです。その意味で、「国体」は現行憲法のもとでも変わっていないというふうに先生は見ていた。

国体は現行憲法のもとで変わったのか変わらないのかという論争は、ご承知のように、憲法学者の佐々木惣一と和辻哲郎との間で、一九四六年の現行憲法が公布された後行われたわけですが、先生の認識は国体を不変とみた和辻哲郎の認識と同じではなかったかと思います。

ですから、「超国家主義の論理と心理」にいたる、先生の、いわゆる「転向」の過程——昭和二〇年八月一五日から二一年の五月までは先生の「転向」の過程であるというふうにみていいんですが（本書I-4を参照）——、そこで前提とされていたのが、擬似宗教的絶対者としての天皇だというふうに私は考えるわけであります。

先生は、現行憲法のもとでも天皇のいわゆる謁見というものを一貫して拒否された。私は経済学部の教授であった脇村義太郎先生——皇后の縁戚にあたられる方で、その意味では現皇室と近い立場におられた方でありますが——といろいろお話しした時に、脇村先生が丸山先生に何回となく、天皇と会って話をしてもらえないかと依頼されたそうでありますが、丸山先生はそれを謝絶されたと伺いました。

ところが、これもよく知られていることですが、先生は、天皇制批判の前提とした擬似宗教的絶対者としての天皇が、戦後において絶対性を喪失した、世俗化したと見ておられる。戦後の現実の天皇に対しては、先生は批判の対象としては一種の幻滅感を抱いたと言われた。「昭和天皇をめぐるきれぎれの回想」(『丸山眞男集』第一五巻)の中でも、昭和天皇について先生は言及しておられるわけですが、戦後の天皇、絶対者的な役割を失った天皇に対しては、むしろ幻滅感を抱く。この点では先生とは正反対の政治的立場にあった三島由紀夫と共通する所があるかも知れません。

私が学生の頃、先生がよく「自分は戦後、天皇制が生み出した日本の精神構造と、それから、歴史認識の方法としてのマルクス主義というもの、この両者と対決する意識が非常に強かったんだけれども、どちらも非常に弱体化した」とおっしゃった。これらに対する二重の幻滅感が、先生においては並行して進んだんじゃないかと思うわけです(「戦争と同時代——戦後の精神に課せられたもの——」『丸山眞男座談』第二冊、岩波書店、一九九八年を参照)。

もう一つ、先生は日本学士院の会員(一九七八年一一月、日本学士院第一部(人文)に選ばれる)であられたわけですが、日本学士院の前身である帝国学士院以来、学士院と天皇との関係は非常に深いわけですね。この問題を先生はどういうふうに処理されたのか、どうお考えになったのかということは、当時、私も疑問に思った点だったんです。先生を学士院会員に強く推薦されたのは岡義武先生です。「学士院会員というのはいろいろな場面で天皇に接触する機会が少なからずあると思うんだけれども、あなたはこの点でどう考えますか」ということを、岡先生が丸山先生にお尋ねになった。その時丸山先生は「私は多年、結核を患っておりましたので、そういう結核患者が宮中に上がるということは、非常に問題だと思う。そういう理由で宮中にうかがうのはお断りしようと思う」と言われたそうです。

ついでに申しますと、帝国学士院と天皇との関係は、「天皇機関説事件」が一九三五（昭和一〇）年に起きて、その標的になった美濃部達吉先生は、貴族院議員とか、国家のあらゆる公職から追放されることになったのですが、国家の機関である帝国学士院が、美濃部先生を放逐、追放しなかった唯一の例外なわけです。これは、天皇と学士院との深い関係があったために、美濃部先生は帝国学士院会員の地位というものをずっと保ち続けられたということがあったと思います。それだけじゃなくて、戦争中も『帝室制度史』が帝国学士院で編纂されていたのですが、その編纂主任を美濃部先生はずっとやられた。そして、美濃部先生の下で編纂事業に従事したのが家永三郎先生だったわけです。（一同どよめく）後に家永先生が『美濃部達吉の思想史的研究』（岩波書店、一九六四年）という著作を世に出された動機の一つは、そういう直接的関係がお二人の間にあったことだと思います。家永先生は、またちょっと丸山先生とは違う天皇観を持っておられたんじゃないかと私は推測しております。丸山先生もそういうことをおっしゃったことがありました。

なおついでに言いますと、丸山先生が最初の論文を『国家学会雑誌』に掲載されていた当時、美濃部先生はその内容に強い印象をもたれたらしく、たまたま美濃部先生を往訪した行政法の田中二郎先生に「丸山という人はどういう人か」とお尋ねになったそうです。

政治および政局との関わり方

丸山先生はよく知られておりますように、政治と政局は違うと言われ、新聞社の政治部は実情は政界部になっていて、こういうのは非常によくないんだと言われた。つまり、政治を見る視野を政局に限定しないように戒めた（「政治的判断」『丸山眞男集』第七巻を参照）。これは、事実そうだと思います。しかし、私は、先生は大衆運動とか市民運動的な政治運動には、必ずしも情熱を持っていたとは見えないし、また、それに長じていたとも言えないんじゃないかと思っています。先生はむしろ実は元来、政局に非常に関心があった方だと思うのです。

私が先生と話していて知ったのは、一九六〇年の安保改定反対運動では先生は理論的なリーダーとしてその先頭に立たれたわけですが、実は先生は、当時の政局に対しても相当介入されたのです。それは、ご存知のような三木武夫との関係だけではないのです。先生は、「自分は三木・松村派（日中国交回復で働いた松村謙三と三木武夫が組んだ派閥が当時、自民党内にあって、これとは先生はコミュニケーションがあったわけです）だけじゃなくて、池田派（宏池会）を含めた自民党の分裂をも計算に入れていた」ということを言われました。安保改定の一年前の、一九五九年一月の自民党総裁選挙で、三木武夫らが松村謙三を擁立した。要するに、宏池会を含めた当時の自民党内の反岸勢力を糾合することによって岸の孤立化を狙うというのが丸山先生の戦略ではなかったかというふうに思います。こうした具体的な政局への働きかけは、戦争末期に南原先生が行った終戦工作、つまり天皇側近の重臣たちに働きかけて、天皇によって終戦を実現しようとした方法と似ているようにも思われます。ですから、先生は、単に安保改定反対運動の理論的なリーダーに留まらず、三木武夫なんかを通して、そういう政局にまで及ぶ戦略的な関心をもっておられたと私は思うわけです。ただ、先生は、私は三木武夫よりも睦子夫人のほうを高く評価するんだ、三木夫人はえらい人だということを言っておられました。（笑）

政治家と学者の交友の実態がどういうものかというと、戦中から戦後にかけて三木武夫は、政治学者の矢部貞治先生と非常に深い関係がありました。『矢部貞治日記』（読売新聞社、一九七四―七五年）の戦前・戦中編も非常に面白いですけれど、戦後編もなかなか面白くて、矢部先生と三木武夫との交友の実態がどういうものであったか、『日記』を読んで、仰天しちゃったんです。三木武夫が戦後、アメリカに行ったことがあるんですね。その頃、政治家がアメリカに行くというのは非常に珍しくて、帰国してから、渡米印象記みたいなものを新聞に寄稿したわけです。ところが、渡米印象記――「アメリカから帰って」――を、三木武夫は自分で書かないで、アメリカに一緒に行かなかった矢部先生に頼んだ。（笑）『日記』に書いてあるから本当だと思うんですが、政治家の学者の使い方というのはこういうものかと、私は仰天しました。それで、アメリカから買って帰った革鞄の中に一升びんを入れて、それを矢部先生に謝礼として供与したというんです。これにも、政治家というのはすさまじいものだ、と仰天したんです。

それと似たようなことを丸山先生から直接伺いました。三木武夫邸は丸山先生の家と近くて、よく訪ねてきたらしいんですが、ある時、菓子折を土産に持ってきて、三木武夫が家を退去した後、菓子折の底を見たら、札束が入っていたというんです。（笑）先生はもう本当に慌てて、後を追いかけて行って、「こんなことは絶対許さない。もしこういうことなら、とても貴方とは今後交際はできない」と言って札束を返した。(笑) いやぁ、田中角栄については、そういうことがあったということは聞いたりしますれども、三木武夫との交友というのも、やっぱり、こういうことがあったんだなと思いました。

それから、これも先生から直接聞きましたけれども、池田政権が退陣した後、佐藤栄作内閣ができるわけですが、佐藤栄作の当時の秘書官の楠田実――産経新聞の記者だった人で、非常に丸山先生に傾倒していた――が、なんとか佐藤政権に丸山先生を引き付けたいということを考えたらしいんです。楠田秘書官が丸山先生のところへ来て、一度佐藤と会ってもらえないかと言ったそうです。その時、丸山先生が何と答えられたか。私なんかは、とてもそういうことは答えられないと思うんですが、「会うだけなら会ってもいい。しかし、会う場合には、佐藤のほうから自分を訪ねて来ること。そうしたら、会う」と。結局、佐藤栄作は来なかったそうです。(笑)

発信能力よりも受信能力

よく丸山先生の「天才」ということが言われます。私も、実際、天才的な学者であったというふうに思います。林健太郎先生が自伝のようなものを書かれて(『移りゆくものの影――一インテリの歩み――』文藝春秋新社、一九六〇年)、その中で、丸山先生の論文について「個々の事象をとらえる鋭さには天才的なひらめきが……見られた」と書いておられます。しかし私には、丸山先生の天才的な面は、いわゆる発信能力よりも、その受信能力のほうにあったという印象があります。発信能力はもちろんあったわけですが、その発信能力というのは、天才的な受信能力に依存していたというのが、私の印象なんですね。

これは以前私自身が書いたんですが(「丸山眞男『戦中と戦後の間 一九三六―一九五七』に見る少数者の思想」『人は時代といかに向き合うか』東京大学出版会、二〇一四年)、ロマン・ロランが『ジャン・クリストフ』――半世紀ぐらい前に読んだ――の中で、「天才たることの証拠の大半は、彼が身の周りに存在する立派なものなら何もかも摂取することができ、摂取するとそれを更に立派なものにすることができるという事実に在る」と書いているんです。私がその時に即座に思い浮かべたのは、やはり、先生のことなんですね。先にも引きました「神皇正統記に現はれたる政治観」という一文について、特にそのことを感じます。その一文が書かれた昭和一七年当時は『神皇正統記』は最も崇められた、今日のいわゆる皇国史観の聖典のごとき存在であったわけです。そういう皇国史観の聖典からさえも、その著者北畠親房の周りに立ち込めていた、同時代の迷夢を払って、北畠親房が体現した本質的な価値に接近していく。それこそ、ロマン・ロランの言う天才たることの証拠ではないか、と。つまり、ロランの言ったことを立証しているのではないかということを痛感いたします。「神皇正統記に現はれたる政治観」は、丸山先生の天才的な側面を最も強く感じさせる作品であると私は思うわけです。

ついでに申しますと、丸山先生の持つ天才的な側面は――もちろん先生は非常にクリエイティヴな方、文化的なクリエイティヴな力を持った方であったということは、疑う余地のないことですが――、無から有を作り出す絶対者的なものでなくて、有をより豊かな有にする媒介者的なものであったというのが、私の印象であります。したがって先生は、学問的基礎を持たない、いわゆる「思想」に対しては、非常に懐疑的であったように思います。吉本隆明と埴谷雄高を比較して、吉本隆明には社会科学的な基礎というものが欠けている、埴谷雄高には——私は深く研究しておりませんから、よく分かりませんが——農民運動を通じて得た社会科学的な基礎というものがある、それが、吉本隆明と埴谷雄高の違いじゃないかということを言われたことがありました。それから、先生は、柳田国男の民俗学については非常に批判的であったと思います。私自身も一時、柳田国男の作品をかなり読んだのですが、どうしてもそこに大きな意味を見出すことができなかった。先生と話した時に——先生は柳田国男と直接会われたことがあったようですけれど——、柳田国男の「常民」という概念、文化の担い手としての「常民」という概念について、自分はどうも疑問に思うということを言われたのが、記憶に残っております。

栄誉観

先生は、栄誉一般について拒否的であったとは、もちろん、言えない。学問的栄誉、例えば、外国の大学の名誉博士であるとか、あるいは、先ほどの学士院会員であるとか、そういった学問的な栄誉、それから、民間の、朝日賞とか、そういうものは受けておられる。これは必ずしも拒まなかった。これは、先人の夏目漱石との違いであると思いました。夏目漱石は、こういう点は、もっと徹底していたわけで、学問というのは所詮、闇のものだと見た。一般の社会から見て「闇に等しい科学界」と表現しています。木村栄《ひさし》という、Z項を発見した地質学者・天文学者が第一回帝国学士院賞を受賞した時、夏目漱石がこれを批判して、木村博士に光が当たっているのはいい、しかし、他の部門は依然として闇だ、学問というのは所詮、闇なんだ、と（「学者と名誉」一九一一年）。だから、「三四郎」の中の広田先生は「偉大な暗闇」だという比喩が出てくるわけです。むしろ学問というのは闇でなくてはいけない、闇であるということが自然なんだということで、夏目漱石は非常に徹底していました。丸山先生はそこまで徹底していたわけではない。しかし、学問的栄誉と区別される国家的な栄誉に対しては、厳しく拒絶されました。このことは、もちろん、先ほど触れました天皇観とも関係してくるわけでして、要するに、栄誉の源泉が何かを問題とされた。先生の立場は栄誉の源泉としての天皇を否定する。これは南原繁先生との違いでもありました。丸山先生は、他人が受ける国家的栄誉に対して、これを尊敬はしませんでしたけれども、軽蔑もしなかったと思います。その点は、法学部の同僚であった野田良之先生の非常に激烈な栄誉否定論（『栄誉考』みすず書房、一九八六年）との違いがありました。ただ、先生は、この問題については、沈黙を守られたんじゃないかと思います。

丸山先生に文化勲章を与えるという動きに対しては自民党の文教議員の間で非常に強い抵抗があり、文部省にもあったわけですが、その後、自民党の文教議員や文部省の考え方もだんだんと変わってきて、先生には何回かそういう機会があったように聞いています。しかし、先生はもちろん、これをお受けにならなかった。お受けにならなかったのみならず、そういう打診があったとも、一切、口にされませんでした。これは、やっぱり、さすがだなあと思ったことの一つです。普通、人は、「こういうことを言ってきたんだけれども、自分は断った」ということをよく言うんですが、私は、断ったということを公言するのは、貰ったことと実質的に変わらないのじゃないかと思います。（笑）いつでしたか、岡義武先生についての座談会（「岡義武――人と学問――」『丸山眞男座談』第九冊）を篠原一先生と丸山先生と、私も参加してやったことがありましたが、その時篠原先生が、例の調子で、非常に軽く、「日本国も丸山先生に文化勲章を与えないようじゃだめだな」なんて言われたんですね。そうしたら、先生は非常に不快な顔をされて、「もうその話はやめよう！」と非常に強く言われたのを覚えております。

東大紛争との関わり合い

私にとって非常に印象が強いのは、一九六九年一月に機動隊が安田講堂に突入する前日の夜のことです。当時、法学部ではスタッフが代わる代わる宿直していて、たまたまこの日、丸山先生と私が宿直にあたったんですね。今の明治新聞雑誌文庫の事務室になっている所で一緒に宿直しました。その時、ソファーが一脚ありまして、当然、私は、「先生、ソファーでお休みください」といったのですが、先生は、「いや、僕はソファーにはとても寝られないから、床の上にマットを敷いて寝る」とおっしゃって、お宅から用意してこられたパジャマを着てお休みになりました。その時、私が驚いたのは、先生は当時、強い不眠に苦しんでおられて、非常に強い睡眠薬を常用しておられて、しかも、ウイスキーでお飲みになったんですね。これは、やはり、お体によくないんじゃないかと、当然、私なんかも思いました。あの時期に、もうすでに肝臓の病を発症しておられたかどうかは分かりませんけれども、おそらく、東大紛争というものが先生の死病の発生の一つのきっかけになったということは間違いないと思います。

この紛争の直前に法学部で学部長選挙があって、先生が当選された。しかし、先生はそれを固辞され、理由としてあげられたのが、自分は実は被爆者だということでした。宇品の軍隊におられて、広島に原爆が投下された時のことをかなり詳しくいろいろ語られました。私はそれまで先生が被爆者だということを全然知らなかった。それが、先生と広島の原爆投下との関係を知った最初でありました。結局、再選挙が行われて、辻清明先生が当選されて、辻先生が引き受けられた。それからまもなく、紛争に入った。これが先生の自責の念となって残った。あとで、何かの時に、「ああ、あの時、自分はやっぱり学部長を引き受けるべきだったな」と述懐されたことがありました。東大紛争の問題については、私自身、なぜ起きたのかということについて、未だに理解と言いますか、解釈、説明を施すことができないわけですけれど、これが先生に大きな影響を及ぼしたということは確かであると思います。

丸山評価は何によってなされるべきか

先生が亡くなられた後、『座談』とか『話文集』とか、いろいろなかたちで、先生がお話しになられたものが出されたわけですけれども、そういう現実を踏まえて私は、丸山評価は何によってなされるべきかということを、時々考えるわけです。

これはどなたもお認めになると思いますけれども、丸山先生は大文章家であられました。丸山先生ほどの大文章家になれば、その文章表現には文学的価値というのが、やはり、凝縮されているわけでして、そういう丸山先生の文章表現に凝縮された文学的価値というものを尊敬する私は、丸山評価というのは、完成した文章表現に基づいてなされるべきではないかと考えております。

たまたま読んでいたグスタフ・ヤノーホ・吉田仙太郎訳『カフカとの対話――手記と追想――』(みすず書房、二〇一二年)の中でカフカが言っています。

「頭からペンに到る道は、頭から舌への道に比べてはるかに遠く、はるかに困難です」

「魔術師というものは、それぞれ独自の儀式をもつものです。たとえば――ハイドンは、必ず厳《いか》めしく髪粉をふった鬘をつけて作曲しました。書くということは、たしかに一種、精霊招魂の儀式です」

「印象から認識にいたる道のりは、しばしば遠く、そして困難です。しかもたいていの人間は、脚の弱い旅人にすぎません」

これはカフカがある青年との対話で語ったものなんですが、このカフカの言っていることは正しい。丸山先生についても、こういうことが評価にあたっては考慮されるべきではないかと思うわけでありま す。

それから、現在の私の人生は――皆さんはどうか知りませんけれども――いよいよ黄昏に差しかかっているという感覚が強くて、一体、丸山先生の晩年というのは、どうだったのか、丸山先生は自分の死、あるいは生について、どういう意味づけをしておられたのか、どういう死生観を晩年もっておられたのか、それから、晩年の学問のあり方というものをどう考えておられたのか、そういう点を、自分自身の現在の人生の段階と照らし合わせて考えることがあります。これはもう、自分自身の問題として考えます。これについては、私は何も言うべき言葉はないわけですが、もし、ここにいらっしゃる皆さんが何かお考えになっていらっしゃることがあったら、是非伺いたいと思います。
以上、もっと短くお話ししようと思ったんですが、ずいぶん要らぬことまで喋ってしまいました。これで終わらせていただきます。

（〈いちご会〉二〇一四年三月九日　学士会館）

6　政治哲学史研究と理念

――福田歓一先生追悼――

故日本学士院会員福田歓一先生の御霊に対し、謹んで追悼の辞を捧げます。先生は一九九二年一二月一四日日本学士院会員に選定されて以来、二〇〇七年一月七日に逝去されるまで、一四年余にわたってその職責を全うされました。その間法学政治学関係の会員によって構成されている第二分科において中心的な役割を果たされた他、二〇〇一年から二〇〇五年まで日本学士院紀要編集出版委員会委員を務められ、さらに二〇〇三年から二〇〇四年にかけては運営委員会委員の任に当たられました。また外国のアカデミーとの交流にも努められ、一九九八年には日本学士院を代表して英国学士院を訪問され、両アカデミーの交流の実をあげられました。

さらに先生は第一部例会における論文報告も四度担当され、そのすべてが日本学士院紀要に掲載されております。それらはいずれも晩年の先生の学問的関心がどこにあったかを明確に伝えるものであります。昨年（二〇〇六年）一二月一二日の例会で行われた論文報告には、先生はご体調が必ずしも万全でなかったにもかかわらず出席され、終わりまで耳を傾けておられました。それが本院における先生の最後のお姿でありました。

先生は、日本学士院が近代日本における知識人の自発的結社の魁となった明六社を事実上の母体として出発したことに、大きな歴史的意味を認めておられました。先生が「故丸山眞男会員追悼の辞」を述べられた際に、日本学士院の前身である東京学士会院の初代会長に明六社同人であった福沢諭吉が就任したことを強調された理由の一つは、そこにあったと考えられます。そのことは、先生が論文報告において、将来の政治社会における新しい公共的価値を追求する主体として、多元的な自発的結社の重要性を指摘されたことと共通するものを感じさせるのであります。かつて憲法学説を政府によって禁止された美濃部達吉をメンバーから排除しなかった唯一の国家機関は、当時の帝国学士院でありました。先生は、このような今日の日本学士院にまで通ずる伝統を重視されたものと考えます。

総じて先生は自らの所属する組織について、利益よりも理念を重視されました。もちろん先生は組織を運営する行政家としても優れた能力をもっておられましたが、組織についての先生の利益判断は、常に組織の理念に照らして行われたように思われます。それは国家についても同じであったと思われます。先生は著書『近代政治原理成立史序説』に見られるように、ホッブズ、ロック、ルソーそしてカントの社会契約説に焦点を置いた政治哲学史研究を通して近代政治原理を明らかにし、敗戦後の日本国家にも共通する国民国家の理念的な基礎づけを試みられました。論文「二十世紀における君主制の運命」において、現行憲法下の天皇制の象徴的機能を英国君主制との対比において考察されたのも、それが国民国家の理念と両立するためには、いかなるものでなければならないかという問題意識からでありました。そのような学問的作業が国民国家としての日本の長期的利益に結びつくという確固たる見通しが、先生にはあったと想像します。

しかし晩年の先生は現実の国民国家がその理念（とくに個人の人権を原点とする民主主義の理念）を担いうるものなのかどうかについて、きわめて懐疑的になられたように思われます。一九世紀において確立された国民国家のモデルは、二〇世紀において世界的に普遍化すると共に名目化し、現実の国民国家は、もっぱら軍事力に依拠する主権国家として肥大した事実を先生は指摘されました。国民国家がそれに先立つ絶対主義国家から継承した「主権」概念は、「君主主権」の下でも「人民主権」の下でもその軍事的意味は変わらず、また旧植民地帝国から独立した新興国民国家の場合にも、旧植民地帝国から「主権」概念を継承し、それに基づく軍事優位の政治体制をつくったというのが先生の指摘であります。そしてそれが国民国家の理念の本質的部分である、人権を公理とする民主主義の理念を腐食させたことを強調されました。少なくとも日本学士院における四度の論文報告には、主権国家としての国民国家の将来について悲観的な見通しが語られています。それは深い政治哲学史研究に基づく現代国家への根源的な批判に発するものでありました。そこには国民国家に代わる新しい政治社会、市場からも国家権力からも独立した新しい公共性の理念を担う主体への模索が見られるのであります。そして先生はそれを懸案として後世代に遺し、身罷《みまか》られたのであります。

先生の棺が蓋われ事定まった現在、私には、先生は研究者としても教育者としても、ほぼ完成された生涯を終えられたという実感が強いのであります。先生のご逝去は政治学における一つの時代の終焉、すなわち哲学・歴史・政治分析が一体となり、政治学が総合的でありえた時代、あえていえば戦後政治学の時代の終焉と重なるのであり、政治学だけでなく、学問全体に及ぶ寂寞たる喪失感を禁じえないのであります。ここに福田歓一先生の学問に対する尊敬の念を新たにし、その学恩に心から感謝申し上げます。

（平成一九年九月一二日　日本学士院総会において）

付　象徴天皇制の安定条件

――「福田先生を語る会」献杯の辞――

去る（二〇一四年）六月一四日午後、私は南原繁研究会の山口周三さんと西原賢太郎さんと共に、多磨霊園を訪れ、南原繁先生、丸山眞男先生、そして福田歓一先生のそれぞれの墓前にささやかな香華を手向けました。三先生から多大な学恩を受けた私にとっては、いささか心を安んずることができた次第でございます。

今日福田先生の全学問的業績に近いものは、もちろん岩波書店から出た『福田歓一著作集』全一〇巻に見ることができるわけでありますが、そのエッセンスを凝縮したものとして、本日の会の呼びかけ人のおひとりである加藤節さんのご苦心の編集・解説から成る岩波現代文庫版の論集『デモクラシーと国民国家』（二〇〇九年）があることはご承知の通りであります。これは福田先生を最もよく知る加藤さんが独自の方針をもって実に周到に編集された論集であり、私などもその裨益を受けている一人でありますが、この論集が編集される過程で私自身がささやかな貢献をした部分があります。それは私が福田先生の「二十世紀における君主制の運命」という論文をこの論集に収録してはどうかということを進言したことであります。加藤さんはこの私の進言を採用してくださり、「二十世紀における君主制の運命」という論文がこの論集に入ることになりました。

この論文は本来一九六二年四月の雑誌『思想の科学』の天皇制特集に収録されたものであり、この天皇制特集は当時『思想の科学』会員であった故斎藤眞先生が企画されたものと聞いております。おそらく斎藤先生が福田先生に執筆を依頼されたものと推測しております。

私が福田論文を高く評価いたしますのは、先生ご自身の天皇制についてのご意見は別として、いわゆる象徴天皇制が定着する客観的な条件を英国の王政と対比しながら、極めて明確に提示された点であります。すなわち象徴天皇制は自由民主制の社会体制を象徴するものとしてのみ安定化しうるということを強い説得力をもって明示されたのであります。

福田論文が発表された一九六二年からちょうど八〇年を遡る一八八二（明治一五）年に福沢諭吉の『帝室論』が発表されました。これは既に予定されていた国会開設後の天皇のあり方について論じたものであり、太平洋戦争の敗戦後の天皇のあり方、象徴天皇制のあり方についても重大な示唆を与えたものであります。私は福田論文は、一九世紀の『帝室論』にほとんど匹敵する意味を二〇世紀においてもつもの、二〇世紀を超えて二一世紀の今日において意味をもつものと考えております。

先年亡くなられた福田先生と同じ日本学士院のメンバーであった民法の星野英一先生から、福田先生が日本学士院のメンバーの一人として他のメンバーと共に、現天皇に研究上のお話をされる機会があったということを伺ったことがあります。どういうお話を福田先生がされたのかは存じませんが、星野先生によれば、天皇は福田先生のお話に深い感銘を受けられたそうであります。そのことを星野先生からもう少し詳しくうかがうべきであったと悔いております。

7　アメリカ政治史の全体的考察
――斎藤眞先生の信仰と一体化した学問――

本年（二〇〇八年）一月一六日、享年八六歳をもって逝去された故日本学士院会員斎藤眞先生に対する追悼の辞を申し述べます。先生は一九二一（大正一〇）年二月一五日、英文学者で本院会員でもあられた斎藤勇先生のご次男として、当時の東京市麴町区でお生まれになりました。そのようなご家庭にお育ちになったことから、当然に幼少年時から英国人や米国人そして英語を身近に感じて育たれたと聞いております。しかし先生は学生時代はむしろ英語から距離を置き、ドイツ人教師について、ドイツ語の習得に力を入れられたようであります。クリスチャンとしても、スイスの神学者で、ドイツの大学の教職にあった（そしてナチスによってドイツを追われた）カール・バルトに深い関心をもたれました。しかし一九四〇（昭和一五）年、東京帝国大学法学部政治学科入学後、高木八尺教授の「米国憲法・歴史及外交」という講義――これはA・バートン・ヘボンという米国人銀行家の寄附講座による講義であり、今日盛んな寄附講座による講義としては、日本における先駆的な事例でありますが――、この法学部の中では極めて少人数の講義を先生が聴講されたことが先生の生涯のお仕事を決定する動機となりました。それは実に日米開戦の前年のことでありました。

しかしその翌年に始まった戦争によって、一九四二年九月に先生は繰り上げ卒業を余儀なくされ、学業は中断されると同時に、海軍主計見習尉官として軍務に服されることとなりました。航空隊、航空本部、軍需省勤務を経て、戦局が日本にとって悪化した一九四四年五月には、自ら最前線の勤務を志願され、海軍主計大尉として西部ニューギニアのマノクワリに赴任されました。そしてその地で敗戦を迎えられたのであります。かつて日米開戦の年に先生が学生として参加した法学部における演習（ヘーゲルの『法哲学大綱』をテキストとする演習）の指導教授であった南原繁教授が東大総長に就任したとの報を聞いたのも、ニューギニアのジャングルの中であったとのことであります。先生は後に「この知らせをきき、新しい日本が生まれるのだという実感が、はじめて胸の中にわき起こってきた。」（「南原先生とアメリカ研究」）と書いておられます。

一九四六年六月西部ニューギニアから母国に復員された先生は、大学院特別研究生として復学され、本格的なアメリカ研究に専念されることとなりました。一九五〇年五月には東京大学助教授に就任され、以来東京大学に三十有余年、引き続いて国際基督教大学に十有余年にわたって在職されました。その間先生の謦咳《けいがい》に接した学生たちに対して歴史教育や政治学教育を通じて、深い知的道徳的影響を及ぼされ、また後進研究者の育成に多大の貢献をされると共に、晩年の想像を絶するご苦難を経て、昨年（二〇〇七年）病の床に臥されるまで、一貫してアメリカ研究の道を歩まれました。

一九八九（平成元）年一二月には日本学士院会員に選定され、一八年余にわたって本院に貢献されました。本院会員としての先生は、第一部論文報告を一九九〇年から二〇〇五年まで八回担当され、そのうち四回分が『日本学士院紀要』に掲載されております。一九九三年一〇月には公開講演をも担当しておられます。また二〇〇〇年九月から二〇〇三年一一月までの三年余にわたって運営委員会委員を務められました。

先生の研究上の最大のご功績は、アメリカ史を全体にわたって構造的かつ動態的に把握するための独自の視座と枠組を提示し、それに基づいて、建国期から現代に及ぶアメリカの内政および外交上の諸問題について、明快で透徹した解釈を与えたことであります。先生が一九八一年東京大学ご退職後間もなく公刊された論文集『アメリカ史の文脈』(後に出されたその改訂版『アメリカとは何か』)は、先生のアメリカ研究の独自性を要約した名著であり、私が座右の書として愛読して止まないものであります。

先生は夙《つと》にアメリカ史のダイナミズムを建国期以来の「自由」(あるいは「分離」)の契機と「統合」の契機との緊張関係の展開に求め、まずそれを建国期のアメリカについての研究において、極めて説得的に論証されました。「アメリカ独立革命の一考察――忠誠の二重性――」、「民主主義の風土化」、「アメリカ外交の原型――建国期アメリカの対外意識――」の諸論文、また私自身が東大法学部助手であった当時、偶々校正を担当した論文「J・C・カルフーンにおけるナショナリズムとセクショナリズム」等は、その優れた成果であります。特に私にとって、今なお鮮やかな印象を残しているのは、今から半世紀以上前に発表された「民主主義の風土化」という論文であり、当時学部学生であった私は、この論文によってはじめてアメリカについての学問的な全体像を与えられたことを実感しました。

さらに先生は以上のような独自の視座と枠組を駆使しながら、建国期のみならず、一九二〇年代にその起点をもつ現代アメリカの諸問題についても卓抜した解明を与えました。「アル・スミスと民主党の再編——都市化に伴う政治指導の変容——」をはじめとする一連の諸論文がその成果であります。これらの個別研究の成果は、『アメリカ現代史』という通史に集約されました。

また先生はアメリカの対外関係史の領域についても、建国期から現代までを見通す広いパースペクティヴをもつ優れた業績を遺されました。「国際主義と孤立主義」、「アメリカ膨張主義の伝統と転換」などの諸論文や著書『アメリカ外交の論理と現実』は、いずれもアメリカの対外関係の全体像を浮き彫りにし、今日に通ずるアメリカ外交の論理構造そのものを鋭く分析したものであります。

以上のような研究業績に立脚して、アメリカ合衆国二〇〇年の鳥瞰図を提供したのが著書『アメリカ政治外交史』であります。これは英訳され、*A Political and Diplomatic History of the United States: An Interpretive View* として出版されましたが、ある著名な米国人歴史家は同書に散りばめられた精彩に富む「思考挑発的な諸解釈」を高く評価しています。

先生は、教育および研究の両面において、卓越した功績を残されたのみならず、大学の運営への貢献もまた多大でありました。とくに先生が大学評議員や法学部長を務められた東京大学において、四〇年前の学内紛争に際して、直面した深刻な危機に対応する執行部体制が作り出されたのは、アメリカ大統領制をモデルとする先生の独自のアイディアによる所が大であったと私は理解しております。そして東大で作り出された執行部体制が全国の各大学に波及し、その後の大学の運営を方向付ける大きな影響力をもったのであります。

さらに先生は戦後日米関係をその文化的側面（特に学術的側面）において支えた実質的リーダーであられました。在日アメリカ合衆国教育委員会日本側理事、アメリカ研究振興会常務理事、日本学術振興会日米教育文化協力事業委員会委員、外務省日米文化教育会議日本側代表、国際文化会館理事等としてのご活動は、先生に関する限り決して名目的なものではなく、これら日米文化交流関連の諸組織は、先生の存在なくしては成り立ちえないものであったといっても、決して過言ではないと思われます。

このように先生は大学人として、また広く知識人として教育・研究・大学運営・国際学術交流のいずれにおいても重きを成されましたが、先生の本領が研究にあったことはいうまでもありません。先生は、わが国のアメリカ研究において、新渡戸稲造、高木八尺の二人の先人によって開拓された、信仰と一体化した学問の伝統を継承され、それを大きく開花させました。先生はおそらくそのような学問的伝統の最後の体現者であったと思われるのであります。

しかし先生によって最後の花を咲かせた学問の伝統、信仰に裏付けられた学問の伝統は、一旦は先生のご逝去によって断絶するとしても、やがて先生の死を代償として、多くの実を結んでよみがえることと信じます。「一粒の麦、地に落ちて死なずば、唯一つにてあらん、もし死なば、多くの実を結ぶべし」という真理は、この場合にも妥当するものと考えます。

ここに先生の学問の画期的意義を改めて再認識し、あわせて学恩、私にとっては過分の学恩に対し、心から感謝申し上げ、追悼の辞と致します。

（平成二〇年三月一二日　日本学士院総会において）

追記

私が斎藤眞先生に初めてお会いしたのは、東京大学法学部の学生として本郷に進学した一九五八年四月であった。ちょうどこの時先生は Richard Hofstadter の *The American Political Tradition* をテキストとする演習の参加者を募集しておられ、私はこれに応募した。ところが演習の説明が行われた後、先生は病気に罹《かか》られ、演習は中止となり、私は先生の最初の教えを受ける機会を失った。後にこのテキストを読み、その内容と文章のすばらしさに魅了されたが、もし先生の指導の下にテキストを読んでいたとするならば、どれほど啓発されていたことかと今でも残念に思っている。

その後私は研究者の道を進むに当たって、先生とは専門領域の異なる日本政治外交史を選んだが、先生の業績や助言は私の研究に直接に影響した。私が最初に書いた拙い論文は先生にも読んでいただいたが、先生は日本の政党政治の発展と鉄道政策との関連を扱った部分について、このような史実はアメリカ政治史においても見出すことができると指摘された。それは全く思ってもみなかったご指摘であった。それによって、私は私の取り上げた問題が日本政治史に限局されたローカルな問題ではなかったことにはじめて気づかされたのである。

同じような示唆を受けたのは、拙論「大正デモクラシーとアメリカ」についてである。これは先生を編者とする日米関係についての叢書の一冊に寄稿したものであるが、そもそも先生は私に寄稿を求めるに当たって、題名を「大正デモクラシーとアメリカ」とするよう指示された。これは「大正デモクラシー」を第一次世界大戦後の世界的アメリカニゼーションの一環としてとらえようとしていた当時の私の視点に照準の合ったものであった。これによって私の「大正デモクラシー論」の視点が確定した。

私にとって、アメリカは単なる比較政治論や外交史の対象ではなく、日本政治史そのものの構造的要因である。そのような私の歴史観に大きな影響を与えたのが先生の教えであった。先生の推挽を得て、二年間の研究生活をアメリカで送ったことが私の学問の骨格をつくった。

一九九九年夏の一日、私は先生の軽井沢別荘にお招きを受け、ほとんど徹宵《てつしょう》して先生のお話を聴く機会を得た。それは率直に先生の人生を語られたものであった。その際思いがけないことに、先生から没後に弔辞を読むことを託された。その後先生が死の床に就かれるのとほとんど同時に、私自身が重病に陥った。私は密かに先生から託された務めを果たすことができない場合を想定した。しかし私は結果としては自らの務めを果たすことができた。そのことは私を安堵させるとともに、悲傷を一層深くした。

8　国際歴史共同研究におけるリーダーシップ

――細谷千博先生追悼――

昨年（二〇一一年）九月二一日、享年九一歳をもって逝去された故細谷千博会員に対する追悼の辞を申し上げます。先生は一九二〇（大正九）年四月一日当時の東京市牛込区でお生まれになりました。旧制第一高等学校を経て、敗戦直後の九月東京帝国大学法学部政治学科を卒業されました。卒業後は外交史・国際政治の研究に志を立て、一橋大学法学部に職を得られ、教授として一九八三（昭和五八）年に定年を迎えられるまで職を全うされました。

一橋大学ご退職後は国際大学副学長・教授に就任され、また同大学日米関係研究所所長をも務められ、一九九六（平成八）年に退職されるまで、同大学の基礎を造るために尽力されました。その間一九九一年一二月には本院会員に選定され、以後二〇年にわたって本院に貢献されました。また一九九五年には英国学士院から客員会員に推薦されました。

先生の学問的業績として誰しも第一に指を屈するのは、一九五五年に公刊された『シベリア出兵の史的研究』であります。これは革命ロシアに対する日米英仏諸国の共同軍事干渉を、その極東に関する部分（いわゆる「シベリア出兵」）について、各国（とくに日米両国）の政策決定過程に重点を置きながら解明することを試みた先生の処女作でありますが、長い年月の試練を経て、今日なお生命を保っている国際政治史の古典的著作であります。当時としては未公開の第一次資料や接近の未だ困難であった外国文献・資料から直接に組み立てた日本における実証的な外交史研究の先駆であったと考えます。この著作は、さらにロシアの反革命派関係資料などの新しい外国資料によって補強され、その拡大版が一九七二年に『ロシア革命と日本』という著作にまとめられました。

先生の業績の第二の領域は、広い意味の太平洋戦争の原因に関する研究であります。先生はまず太平洋戦争の起源を両大戦間の東アジアにおける国際政治体制＝「ワシントン体制」に求め、「ワシントン体制」が何であったかを関係各国の外交を通じて実証的に明らかにすることを試みられました。一九八八年に公刊された論文集『両大戦間の日本外交――一九一四―一九四五――』はその集大成であります。また日本国際政治学会の共同研究グループのメンバーとして行った太平洋戦争そのものに直結する歴史研究（『太平洋戦争への道』全七巻中第五巻）においては、日独伊三国同盟や日ソ中立条約について従来未知であった多くの事実を原資料や関係者からのヒアリングによって明らかにされました。

先生の業績の第三の領域は、太平洋戦争の結果に関する研究であります。その最も代表的な業績が一九八四年に出版された『サンフランシスコ講和への道』であります。これもまた広く内外の資料文献を駆使して書かれた永い学問的生命を保っている古典的著作であります。

細谷先生の長年にわたる実りある学問活動の中で、他の学者と比較してきわだって意義あるものは、数々の国際歴史共同研究のリーダーシップをとられたことであります。それは先生が終生の学問的課題とされた太平洋戦争はなぜ起こったかという問題を解明するために、いわば必然的にとらざるをえなかった方法でありました。すなわち太平洋戦争は細谷先生が明確な概念枠組を提示された「ワシントン体制」の下での多国間関係の破綻から生じた戦争であったことから、その研究は国際歴史共同研究を必要としたのであり、その必要を最も強く痛感された細谷先生はいわば必然的にその先頭に立たれたのであります。先生は国際歴史共同研究の日本における先駆者であり、その最もすぐれた組織者であり、また最もすぐれたリーダーでありました。私自身、先生が主宰されたいくつかの国際歴史共同研究に参加し、それに最も多く裨益された者の一人であります。とくに一九六九年七月に日本で開催された開戦に至る一〇年間の日米関係史をテーマとする日米両国の学者による国際会議（その成果『日米関係史　開戦に至る十年　一九三一―四一年』）は、細谷先生のリーダーシップの下で私が参加した初めての国際歴史共同研究の場となりました。当時の全国的な大学紛争のさなか、先生は一方で一橋大学法学部長・評議員として反大学運動の攻勢の前面に立ち苦闘されながら、他方でこの会議を組織するために全力を尽くされたのであります。先生は後年この会議を回顧して、「私にとってもこれ程充実感をもった会議はその後の多くの会議経験の中にも見いだせない。……この会議は日米両国の研究者による、一九三〇年代の『太平洋戦争への道』についての、共通の『歴史認識』を生み出すための試みの第一歩と位置づけることもできよう」と書いておられます（『岩波講座　アジア・太平洋戦争』1・月報1）。私も全く同感であります。

その後私ははからずも二〇〇二年から二〇〇五年にかけて、日韓両国の「歴史認識」を問題とする日韓歴史共同研究委員会の日本側座長を引き受けることとなりました。その際私がこの国際歴史共同研究のモデルとしたのは、まさに細谷先生が主宰された一九六九年の日米関係史共同研究でありました。私は、日米両国のナショナリズムから全く自由に行われた一九六九年の日米関係史共同研究は、日韓歴史共同研究の最良の先例と考えたからであります。私はそのことを同委員会総会の冒頭で指摘しました。日韓歴史共同研究の場合、結果は必ずしも最良の先例に匹敵するものとはなりませんでしたが、私はその目的意識においては正しかったと思っております。先生は数々の国際歴史共同研究を通じて、学問的リーダーシップの何たるかを身をもって我々後進に示されたのであり、それは今日において大きな意義をもっていると考えます。ここに先生の積年のお教えに深く感謝申し上げる次第であります。

（平成二四年一月一二日　日本学士院総会において）

9　デモクラシーの安定条件を求めて

——篠原一先生の歴史政治学の課題——

私は学生として一九五七年秋に始まった東京大学法学部における篠原先生のヨーロッパ政治史（当時はただ「政治史」）の最初の講義に出席し、それから二九年後先生と同じ教授会メンバーであった私は一九八六年冬の先生の東京大学における最終講義にも出席いたしました。先生のヨーロッパ政治史の講義を聴講したことが私にとっては学問の道に進む最初の関門となりました。その後法学部において先生の演習に参加させていただいた後、大学四年生の春、私自身の将来についてご相談いただくために先生の研究室をお訪ねしました。その際全く思いがけないことに、先生ご自身の恩師である（また私自身の恩師でもある）岡義武先生が当時講義を担当しておられた「日本政治外交史」の研究者の道に進んではどうかというアドヴァイスをいただきました。結局その先生のアドヴァイスが私の一生を決定することになったのです。

その後篠原先生は私がお願いしたわけでもなかったのですが、わざわざ岡先生のご自宅にまでお出かけくださり、海のものとも山のものともわからぬ一学生の私を岡先生に直接推薦してくださいました。また当時岡先生から二回にわたって私に課された論文報告についても、それらの原稿を読んでくださり、逐一精細なコメントをいただきました。今振り返ってみますと、それは教育者としての先生の一学生に対する破格のご配慮であったと思います。後年私自身もまた当時の先生と同じく教育者の立場に立つことになりましたが、当時の先生と同じような親身の教育的配慮を学生に対して与えることはできませんでした。もちろん私個人に対する先生の教育的配慮は生涯忘れることはありませんが、それよりも次の世代に属する学生一般に対する先生の思いの深さは、教育者としての先生の強い責任感から発したものであったと今にして感じます。

今から半世紀以上を遡る一九六〇年代前半、学問の修業時代にあった私にとって、篠原先生は最も年齢の近い学問の先達であり、導きの手でありました。先生から最初に教えられたのは、私の場合には近代日本を対象とする政治史固有の方法でありました。すなわち文化史ではない、思想史でもない、経済史でもない、生活史でもないそれらとは画然と区別される政治史に固有な方法を先生は近代政治学の理論から抽出され、近現代政治を分析する概念を歴史に適用することを提唱されたのです。この方法によって、歴史が対象とする過去を死物とすることなく、過去の現在的意味を問おうとされたのです。歴史学と政治学とをいかに結びつけるか、これが生涯にわたる先生の学問的課題であったと思います。

先生が提唱された政治史の方法は、主としてアメリカで発達した政治過程分析を歴史に適用し、政治史を具体的な政治過程（政治社会の頂点と底辺とを螺旋的に循環する政策決定過程および行政過程）の連鎖として構成することでありました。それは日本では一九二〇年代にアメリカ政治学の影響を受けた大山郁夫が『現代日本の政治過程』という著作で萌芽的に示した分析の試みを結果として継承し、それを「政治史の方法」として改鋳したものであったと言えるかと思います。先生が一九五〇年代の後半から六〇年代にかけて発表された一連の論文「現代史の深さと重さ」、「現代政治史の方法」等は、こうした内容を極めて明快かつ説得的に盛り込んだものであり、他の関連論文と共に一九六二年に刊行された先生の論文集『現代の政治力学――比較現代史的考察――』の中に収められています。先生は刊行されたばかりのこの論文集を当時法学部の助手であった私が詰めていた共同研究室まで持ってきてくださり、その場で署名して私に与えてくださいました。その時の情景が昨日のことのようによみがえってきます。私は刊行されて半世紀以上を経たこの論文集を政治史の独自の枠組を積極的に打ち出した画期的著作として、その希少価値を今日においても高く評価しています。

一九六〇年代初頭の修業時代の私は、近代日本の政治史・外交史に先生の導きの手に従って政治過程論を導入することを試みました。その結果が成功したと言えるかどうかはわかりません。しかし先生は当時の私のささやかな試みを相応に評価してくださり、まだ草稿の段階にあった私の最初の論文をお読みくださった上で、『岩波講座　日本歴史』の「月報」(一九六五年一二月)で「M君への手紙」と題して紹介してくださいました。これは当時自分自身の前途に全く自信をもてなかった私にとって、この上ない大きな励ましとなりました。

論文集『現代の政治力学』に先立って一九五六年に刊行された先生の処女作『ドイツ革命史序説――革命におけるエリートと大衆――』は、私共の世代の政治学に関心を持つ学生たちにとっては青春の書でありました。この書によってドイツ政治史に志を立てようとした学生もいました。後年民法学者として大成した故平井宣雄君はその一人でありました（本書Ⅱ‐14を参照）。先生はこの書において、革命が生み出したデモクラシーの安定の条件は何かという問題を提示され、デモクラシーの安定にとって政治的リーダーシップがいかに重要かを強調されました。先生のワイマール・デモクラシー研究はナチ支配が確立する崩壊期ではなく、その安定期に焦点が置かれ、ワイマール・デモクラシーの安定期を支えた政治家であり外交家であったグスタフ・シュトレーゼマンに関心が向けられました。「国内政治家としてのシュトレーゼマン――適応と不適応の間――」という論文はその成果であります。この論文には『ドイツ革命史序説』以来のデモクラシーの安定条件は何かを問う先生の基本的な問題関心が貫かれているように思われます。

グスタフ・シュトレーゼマンをめぐっては、先生について一つの思い出があります。先生は一九六三年から二年間ドイツで在外研究の期間を過ごされましたが、既にドイツへの出発前にはシュトレーゼマンについての論文の草稿は仕上げておられました。ドイツへの出発を目前にしてその準備に追われながら、研究室でシュトレーゼマン文書のマイクロフィルムを読んでおられた先生の姿が今も目に残っています。

ドイツにおいてはコブレンツの連邦文書館に通われ、シュトレーゼマン関係資料に当たられる一方で、シュトレーゼマンの遺族とも接触され、論文の概略をドイツ語訳したものをシュトレーゼマンの子息に送られたようであります。シュトレーゼマン・ジュニアはそれに深い感銘を受けたと聞いております。先生がドイツから帰国された後、ベルリン・フィルハーモニーの事務局長であったシュトレーゼマン・

ジュニアがカラヤンをはじめ楽団一行と演奏旅行で来日したことがありました。その機会に先生が主宰してシュトレーゼマン・ジュニアを囲む昼食会が催されました。ドイツ研究者の外、丸山眞男先生も出席され、篠原先生のお誘いで私も出席しました。私はたまたま読んだことのある指揮者ブルーノ・ワルターの自伝(『主題と変奏』)にシュトレーゼマンとブルーノ・ワルターとの間に親交があったという記事を目にしたことがあったので、それについてシュトレーゼマン・ジュニアに当日の席で質問したのを覚えています。

先生のシュトレーゼマン論文は、シュトレーゼマンがリーダーシップをとっていた人民党を中心とする中間的政治勢力の結集を目的とする新党運動の政治的可能性(特にナチズムの台頭を阻止しうる政治的可能性)に着目したものであり、この論文を後年論文集『歴史政治学とデモクラシー』(二〇〇七年)に収められた際の「長めのあとがき」の中で、先生は「研究のラッシュしている現在の学界でも、なお何がしか自己主張できるのではなかろうか」という自負のことばを遺しておられます。この論文はワイマール・デモクラシーに開かれていた選択肢をナチ支配にいたる崩壊の道に限定せず、その安定化の可能性もまた開かれていたことをシュトレーゼマンの政治的生涯を通して示唆したものであり、先生らしい柔軟な、しかし強靱な知性がきらめく先生の作品の中で、私の最も好きなものの一つです。

この論文以後、先生の研究の中心は、ワイマール・デモクラシーからデモクラシー一般へと移行してゆくことになりました。その帰結が先生のいう「歴史政治学」であったと思います。それが先生の生涯のテーマであった「歴史学と政治学とをいかに結びつけるか」という課題の長きにわたる追究の結論でありました。すなわち先生は先端的なデモクラシー理論の発展（「討議デモクラシー」理論にいたる発展）を間断なく追跡され、それを政治史よりも日本の政治の現状分析に適用することを試みられました。そしてそこから日本の政治に対する具体的な処方箋を引き出すことを試みられたように思います。それは先生にとっては政治史から歴史政治学へという歩みでありました。

かつて夏目漱石は日本人が英文学を研究することの意味を求めて、普遍的な「文学論」の構築を志向しましたが、篠原先生は日本人がワイマール共和国史を研究することの意味を求めて「歴史政治学」に到達されたように思われます。因みに漱石は「文学論」を試みた自己の立場を「自己本位」と形容しましたが（本書Ⅲ-5を参照）、篠原先生の「歴史政治学」もまた先生の「自己本位」がもたらした結果であったと思います。

かつて篠原先生は修業時代の私に対して研究者として「我が道を行く」ことの重要性を説かれ、ご自身の学生時代のエピソードを語られたことがありました。それは先生の学生当時、丸山眞男先生に傾倒する友人から、先生自身の丸山観を問われ、「ぼくは丸山主義者ではない、篠原主義者だ」と答えたというエピソードでした。この意味の「自己本位」に徹せられたのが篠原先生の学問人生であったと私は思います。

もちろん先生の人生には、以上に述べたような、いわば「学問の前衛（vanguard）」としての活動とともに、民主主義のリーダーとしての活動、いわば「政治の前衛」としての活動があります。本年（二〇一五年）五月に亡くなられた松下圭一先生がかつて「篠原さんのような人がもう一人いたら、日本の民主主義も違ってくるんだがなあ」と言われたことがありました。それを聴きながら、私もまた心底から共感したことがあります。そして民主主義のリーダーというものがいかに得難いものであるかを痛感したのであります。篠原先生は「学問の前衛」としての役割を担うとともに、というよりも「学問の前衛」としての役割を果たすことによって、「政治の前衛」としての役割を果たされたと思います。「政治の前衛」としての先生の活動は、先生の人生において極めて重要でありますが、この面については語るに相応しい方が他におられますので、篠原先生に対する私の追悼のことばは以上に止めたいと存じます。有難うございました。

10　想像力を媒介とする政治的リアリズム

――坂本義和先生追悼――

国際政治の専門研究者でもない私が本日（二〇一五年二月二二日）の会の呼びかけ人に名を連ねましたのは、一つは、本日の会の参会者の中では、おそらく坂本先生の「国際政治」の講義を拝聴し、かつ試験を受けた最も旧い学生であったからではないかと思います。実は一昨年（二〇一三年）七月一九日に先生から一通の封書をいただきまして、何事ならんと開封しましたところ、何と私が五三年前（一九六〇年二月二〇日）に書きました私の試験答案が入っていました。それには先生の添え書きが同封されていまして、「私の持つ書籍は、失くしても世界にたくさん同じものがあります。しかし、私のファイルには、世界に一つしかないものが入っていることがあります。最近古いファイルを整理していて、同封の文書が見つかりましたので、原著者にお返しいたします。」とありました。もちろん私の試験答案自体は保存に値するような立派なものでも何でもありません。私を驚かせたのは、先生の教育者としての使命感と情熱であります。私は永い間、もっぱら先生の研究者としての卓越した能力と情熱を深く尊敬してきました。しかし先生の研究者としての生き方は、実は教育者としての生き方と不可分であったのではないかと思い至ったのであります。先生の研究者人生を方向付けて来たのは、教育者人生（単に学生に対する教育者というだけではなく、社会一般に対する教育者という意味の教育者人生）ではなかったかと考えるのであります。先生が権力に対してだけでなく、いわゆる世論に対してもおもねる人でなかった所以はここにあると思われます。

私が坂本論文の中で最初に読んだのは、おそらく今から半世紀以上前の一九五九年八月に雑誌『世界』に掲載された「中立日本の防衛構想」だったと思います。その原型は、さらにそれから一年近く前の一九五八年秋に『きけわだつみのこえ』を編纂した戦没学生記念会「わだつみ会」が主催した講演会で既に先生が口頭で話されたものと記憶しています。学生であった私は法学部三一番教室で行われた講演会に出席しました。その内容は、当時の私には殆ど衝撃に近い強烈な印象を残しました。当時は岸信介内閣が発足して一年半以上経ったころで、岸内閣は既に安保改定に着手していました。政府の打ち出した日米安保の強化路線と野党の非武装中立論とが対立していました。先生は当時の東西冷戦の中で中立論に立っておられましたが、ただ他の中立論者とちがうのは、日本が中立を維持するには、その目的のための日本独自の安全保障政策、すなわち「防衛構想」が必要であると明確に主張されたことです。そして具体的に国連警察軍の日本駐留を主張されました。当時の非武装中立論には、このような発想はありませんでした。

先生はいかなる問題を考える場合にも、普通の人が立ち止まって考えることを止める所から踏み出して「その先」を考えられたように思います。「中立日本」と「防衛構想」という二つの概念は、少なくとも当時の私にとっては、ほとんど二律背反に近いもののように感じられたのです。おそらく当時それを聴いた「わだつみ会」の人々も同じであったと思われます。ここに権力にも世論にもおもねらない先生の確固たる態度が表れているように思われます。

なお私がこの論文の中で強く心惹かれるのは、日常的世界の感覚を超える「想像力」(imagination, イメージをよびおこす力)の重要性を強調し、それが政治的リーダーシップの必要条件であることを説いておられることであります。政治的リアリズムは「想像力」を媒介としてはじめて成立しうるという指摘であります。これは先生の国際政治研究を導く最も基礎的で、最も重要な命題であると私は考えます。

次に私が読んだのは、『国家学会雑誌』に掲載された「国際政治における反革命思想――エドマンド・バーク――」と『南原繁先生古稀記念論文集 政治思想における西欧と日本』所収の「ウィーン体制の精神構造――メッテルニヒ――」です。これらは後年『国際政治と保守思想』として一巻にまとめられた際、先生ご自身も出席されたある研究会において私自身の感想を述べる機会がありました。その際私が述べたのは、これは先生の学問的出発点であり、また到達点であって、そこには先生の国際政治学の基本的立場が最も鮮明に打ち出されている、それは国際政治を動かす要因としてその主体の価値観を重視している点であるということであります。いいかえれば国際政治をその最も深い動因としての根底的な価値観の対立・闘争に還元して考察しているという点であります。つまり私は同書によって国際政治を含めた政治の人間的基礎の深さを改めて認識させられたのであります(「国際政治の動因としての価値観――坂本義和『国際政治と保守思想』をめぐって――」『学問は現実にいかに関わるか』東京大学出版会、二〇一三年を参照)。

最後に取り上げたいのは、先生の最晩年の講演「平和研究の課題」であります。ここで先生は先生ご自身の「平和研究の方法」に言及されています。先生はそれを「規範的方法」と名付け、「われわれが志向する価値を意識化するという方法です」と説明しておられます。これこそ先生がバークやメッテルニヒの研究を通して獲得された国際政治研究の方法、つまり国際政治を価値観の対立・闘争にまで還元して考察する方法ではないかと思います。

先生はこの講演の中で「平和研究というのは、平和の研究ではなくて平和のための研究だと考えております。つまり平和研究には倫理的目的が明示的に存在し、したがってその意味で価値志向という性格がはっきりしています」と述べておられます。またこれからの平和研究の課題は、「人間の尊厳のために下から日常生活を変えて社会変革を進めること」であるとして、その意味の平和研究の主体は学者というよりも市民だとしておられます。

先生は一昨年私が出しました雑文集をお送りしたのに対し、詳細な駁論を含む礼状を下さり、それに同封してこの講演録の抜刷(先生の表現によれば「非学問的発言」)を送ってくださいました。そして付言して、「私が、『平和学』と呼ばず、『平和研究』と言い続けて来た趣旨もお汲み取りください」とありました。講演録を拝読して先生のいわれる「趣旨」がよくわかる気がいたしました。

私は先生の講義を拝聴した一学生でありましたが、その後先生と同じ教授会のメンバーとなり、教授会においても実に四半世紀の長きにわたって後進として先生のご指導を受けました。先生が定年によって退職されたのが一九八八年三月でありますが、その際政治学研究会の席上先生への送別のことばとして、東大の政治学も先生をもって黄金時代が終わり、これからは「銅の時代」に入るというようなことを申し上げたのを記憶しております。これはもちろん「銅」が「金」に劣るという趣旨ではありませんが、当時の私には自分自身が post-Golden Age の世代に属するという自覚があったことは確かでありますます。坂本先生のご逝去によって、Golden Age の残映もいよいよ過去となりつつあるという実感をもつのであります。

11　政治理論と政治史との二位一体
――升味準之輔先生を悼む――

日本政治学会元理事長・東京都立大学名誉教授升味準之輔先生は本年（二〇一〇年）八月一三日長逝された。享年八四歳であった。先生は日本の政治学界において、戦前・戦後を通じて一、二を争う厖大な学問的業績によって他を圧倒した。単著に限ってみても、最初の著書『現代政治と政治学』（岩波書店、一九六四年）以来、最後の著書『なぜ歴史が書けるか』（千倉書房、二〇〇八年）にいたるまで、著書は四四年間で二五冊に及んでいる。しかもいずれの著書も天馬空を行くような、ある面では奇想天外ともいうべき独特の文章表現によって高度にリーダブルな内容をもりこみながら、同時にそれが高度にアカデミックな研究によって支えられているのである。先生は容易に他の追随を許さないご自身の学問的生産性について、いとも無造作に次のように語っておられる。「私は、三〇年以上も読んだり書いたりしているうちに、習、性となって、机の前にうずくまっていないと気分が落着かない。……のんびりしようとすると禁断症状を呈するしまつである。勤勉癖なるかな、貧乏性なるかな。だから、ほっておけば、そのうち原稿がたまる。たまったところから順次完結させればよい。そうこうしているうちに、私が完結すると思われる」（『日本政党史論』第七巻、東京大学出版会、一九八〇年「あとがき」）。これこそ頂門の一針というべきであろう。天性の学者の言である。それから三〇年後、先生は自らを「完結」された。その間さらに一三冊の単著を著作リストに追加された。

私が最初に読んだ先生の論文は、岡義武編『現代日本の政治過程』（岩波書店、一九五八年）所収の「政治過程の変貌」（後に「戦後政治の変貌」と改題され、単著『現代日本の政治体制』岩波書店、一九六九年所収）である。これは占領初期・占領後半期・占領後を画する日本の政治様式の変化を「集中化」・「大衆化」（行動の「利益化」および「象徴化」）・「組織化」という独自の観点から考察したものであり、外国文献に依拠した痕跡はまったくなかった。そのことが当時の私には新鮮に感じられた。そこには日本政治を分析する概念枠組を日本の歴史的経験そのものを「資本化」することによって生み出そうとする決意がうかがわれた。それは丸山眞男先生が戦後日本の政治学の指針として示された「科学としての政治学」を内実化しようとする試みであり、升味政治学にとっては『日本政党史論』全七巻への起点であった。占領政治から占領後の議会政治への「政治過程の変貌」を分析しようとした先生のこの論文は、「一九五五年の政治体制」の画期的意味の発見につらなったのであり、それをいかにとらえるかという問題意識が『日本政党史論』第二巻の一八九〇年体制の分析にも貫かれていると考える。

升味政治学の顕著な特色は、現状分析の理論が歴史研究をインフラストラクチャーとするとともに、歴史研究が現状分析の理論によって導かれている点にある。すなわち升味政治学においては、政治理論と政治史とが極めて高いレベルで二位一体となっているのである。それはマキアヴェッリの政治学とも共通する特色であろう。升味先生の全業績は戦後日本の政治学が産んだ最も卓越した成果の一つといいってよいと考える。

本年八月初旬ある友人から先生が入院されていることを知らされた。そして先生が病床でいろいろな知人の名を挙げられた中に私の名も含まれていたことを知った。私は先生をお訪ねすることを思い立ちながら、結局それを果たさなかった。シューベルトとの会見を願いながら、その死を知らされたゲーテは「人生はいつも zu spät.（too late）だ」と慨嘆し、「Sofort—今すぐ、oder nie—すぐでなかったらすべて間に合わない」と痛嘆したといわれる（小塩節「ある秋の日のゲーテ——詩『旅人の夜の歌』の実像に迫る——」）。私は今深い悔恨をもってゲーテのことばの真実に思い至っている。

12　戦闘者のユーモア
——三ヶ月章先生追悼——

私は三ヶ月先生とは全く専門の異なる者でございますが、先生の人間、そして先生の人間を濾過した先生の学問に対し、多年尊敬の念を抱いてまいりました。あえていえば、それは若干の親近感を伴った尊敬であるといってよいかと思います。

先生はかつて私自身の恩師でありました岡義武先生のことばを援用され、東大法学部はその学問の幅が広く、「民事訴訟法から日本政治思想史まで及んでいる」といわれました。つまり一方の極に「民事訴訟法」があり、他方の極に「日本政治思想史」があるというわけであります。したがって先生のいわれるには、「法学士」にもちゃんと民事訴訟法を履修して「法学士」になった者もいれば、そうでない者もいる、先生によれば「学」「史」「論」だけ履修して「法学士」になる者もいるということであります。私などはもちろん先生のいわれる「学」「史」「論」の「法学士」であります。先生の価値観からすると、いずれの「法学士」に価値があるかということは自ずから明らかであります。

このように先生はご自身の価値観を率直に表現されることが少なくなかったように思います。余人であれば、それはいわゆる差しさわりのある発言として抵抗感や違和感を引き起こす場合がないとはいえないのでありますが、しかし先生の場合は逆にそれがユーモアとなって笑いを引き起こし、一種の爽快感をさえ生じさせる場合が少なくなかったのではないかと思います。それは一つには先生が人生に処する基本的態度として偽善を排し、偽善を憎まれたことから来るのではないかと思うのであります。

私が先生と親しく接する機会を得ましたのは、四〇年以上前の東大紛争の時期でありました。当時東大全体から見ると、東大教官の多くは紛争に対して私自身を含めて態度は受動的であり、敗戦主義的であり、紛争が長期化すると共に厭戦主義的になっていったと思われるのでありますが、先生は例外的に紛争に対して主体的に取り組まれ、責任ある立場に立つことを辞されませんでした。そして先生は独自の軍事的な概念枠組で状況を把握され、終始戦闘的な姿勢を維持されたと思います。私が鮮明に記憶しているのは、紛争の段階規定であります。すなわち先生は紛争を三段階に分け、動員・展開・復員の各段階に応じて戦略戦術を立てるべきことを主張されました。時には「弱卒を率いて戦うのは大変だぞ」と慨嘆されたこともありました。

さらに私が先生と一層親しく接する機会に恵まれましたのは、一九七〇年のニューヨークにおいてであります。私は一九六九年八月からニューヨークのコロンビア大学において在外研究を行っていたのでありますが、その翌年一九七〇年に先生も在外研究のために同じコロンビア大学のロー・スクールにお出でになりました。先生がケネディ空港にお着きになった日、先生をお迎えに上がりましたが、そのときの先生の第一声は未だに鮮明に記憶に残っております。「ニューヨークは軍隊のようなものだ。一日でも早く来た者が偉いのだ。三谷君、宜しく頼む」というのが先生の第一声でありました。ニューヨーク軍隊説はそれまで聞いたこともなく、その後も聞いたことはありません。これは全く先生独自の発想であったと思いますが、今から振り返ってみると、先生のことばには一面の真実が含まれているように思います。ニューヨークでは三ヶ月先生と私の生涯で最も密度の濃い交流を持たせていただきました。その中で最も忘れ難いのは、先生から頂いた学問上の激励であります。当時私はトクヴィルの『アメリカにおける民主制』に触発されて陪審制を「政治制度」としてとらえる立場から日本における陪審制の成立を政治史的に研究することを考えておりました。そこである日思い切ってこのことについて三ヶ月先生にお話しし、このような研究をすることに何か意味があるでしょうかとお尋ねしたわけです。先生の反応は私の予想を超えてポジティヴでありました。「それは非常に意味のある研究だと思う。自分も陪審制は政治制度としての側面を持っていると思う。ぜひその研究はやりなさい」というのが先生のことばでありました。この先生のことばによって私のモティヴェーションは一気に高められました。それから一〇年後に私は自分の研究を一冊の書物にまとめましたが、その書物の「あとがき」に「当時在米中の民事訴訟法のある大家に……著者の企図を大いに鼓舞されたことこともまた忘れがたい」と書いているのは三ヶ月先生から受けた激励に対する感謝のことばであります。

ふりかえりますと、一九七〇年当時アメリカには東大法学部から田中英夫先生と竹内昭夫先生が来ておられ、お二人ともご一家でハーヴァードに滞在しておられました。そこでニューヨークから三ヶ月先生ご夫妻と私ども夫婦がケンブリッジに合流して歓談のひと時を過ごしたこともありました。田中先生・竹内先生に続いて、三ヶ月先生もまた故人となられ、私にとってのアメリカは完全に過去となりました。専門を異にしながら、三ヶ月先生から頂いた大きな学恩、この場でのことばには尽くせない大きな学恩に深く感謝申し上げる次第でございます。

13　民主性と貴族性

――田中英夫先生追悼――

　私は、田中先生に対して、ご生前当然のことながら、一貫して「先生」の敬称を付けてお呼びしていた。ところがあるとき、田中先生は、そのことについて直接私に異議を唱えられたことがあった。いつ、いかなる場所であったか、定かな記憶はないが、先生は、「あなたから先生と呼ばれる理由はない、私はあなたを教えたことはない」というようなことをはっきりといわれた。

　私は、たしかに学生時代に先生の講義をうかがったことはなかったし、研究者になってからも、専門のちがいもあって、直接お教えをいただいたことはなかったが、田中先生については、単に年長の研究者ということだけではなく、「先生」とお呼びする以外にはない、強力な内面的権威を常に感じていたので、私にとっては、「先生」の敬称はきわめて自然であったのである。田中先生は、私に対しては、一貫して「さん」付けで呼んでおられたので、同じ呼称を先生に対しても、私に求められたのであったと思う。そのとき全く恐縮した私は、なんらかの理由を構えて、もちろんそれをお断りした。先生は、単に「そうか」といわれただけで、以後そのことに言及されたことはなかった。

　今そのエピソードを改めて思い出して、それは実は、田中先生の一生を貫いた一つの原則的な生活態度の表れではなかったかと思う。それは、おそらく「民主性」というべきものであった。田中先生の「民主性」は、「我も人なり、彼も人なり」というような漠然たる「民主性」ではなく、同一身分に属するものの間の平等性の尊重というようなものではなかったかと思う。たとえ若輩ではあっても、またそれぞれの専門領域における学者としてのレヴェルの違いはあっても、形式上実質上の師弟関係のない限り、学部の同僚は、すべて相互に平等者として扱われなければならないという信念が先生にはあったのであろう。そして反面、先生には平等者に対する、平等者なるが故の厳しさが折にふれて私には感じられた。私は時折、拙い論考を先生にお目に掛けたことがあったが、その際先生は必ず一読され、書面で温かい激励とともに、率直な批判を惜しまれず、そこにはおよそ偽りというものがなかった。

このような田中先生の「民主性」が何に由来しているのかは、私には十分にはわからないが、その一つの源泉は、おそらく先生が一生をかけて究められた学問、とくにアメリカ法研究にあったのではないかと思う。いかなる学者の場合でも、その学問が生きた学問であるということは、それが生活全体と結びついているということを意味するが、田中先生の場合は、とくに学問と生活全体との結びつきが強かったように思われる。先生の生活を律したのは、アメリカ法の母体としてのアメリカ的生活様式であったし、先生の「民主性」は、アメリカ的生活様式の体現であったと私は推定する。その意味で、人間としての田中先生は、その学問と不可分であったというべきであろう。したがって人間としての田中先生を語ろうとすれば、必然的に先生の学問に及ばざるをえない。しかし私は、先生のアメリカ法研究そのものについては、ほとんど知るところがない。先生の厖大な業績について、私がわずかにその片鱗を知っているといえるものがあるとすれば、それは、一連の日本国憲法制定過程研究である。そしてそれが私にとっては、先生の学問から最も教えられたものである。

その方面の先生の研究は、いうまでもなくアメリカ側の関係者の諸文書を主要資料とするものであるが、これは、単なる資料に密着した実証的研究といったようなものではない。そこには、アメリカ法研究者としての独自の観点が貫かれている。すなわち先生は、現行憲法は、日米の法文化の「衝突」と「合作」の所産であるとする見地から、現行憲法に対する深い理解とともに、強い愛着をも示しておられる。先生はいわゆる「押しつけ憲法」論に対しても、これを実証的に反論され、日本側の松本（烝治）案が国際的に受け入れられる客観的可能性がなかったこと、そしてそのことを現実的に認識した政治家たちのイニシアティヴによって現行憲法がとられたことを説得的に論証される。その際、松本委員会に参加した日本側の学者たちに対する批判は、アメリカ法（あるいはイギリス法）に対するこれらの学者たちの理解の不十分さを全く忌憚なく衝いている。現行憲法案の検討に際して、松本委員会が総司令部の関係者に対して、個々の条文のうち、どの条文が改訂可能かを問うた態度を「条文中心主義」と批判し、憲法は一体のものであって、ある一部を動かせば、それは全体に及んでくるということを指摘しておられるのは、今日の改憲論議にも適用できる議論であろう。『憲法制定過程覚え書』や「憲法制定をめぐる二つの法文化の衝突」をはじめとする先生の著書・論文は、今日の改憲論にも創憲論にも、また護憲論にもくりかえし参照されるべき価値があると信じている。

ところで田中先生の「民主性」、すなわち同一身分に属する者の間の平等性の尊重とは、実は裏を返せば、「貴族性」である。そしてこの「貴族性」も、先生の学問に由来しているのではないかと私は思う。トクヴィルの『アメリカにおける民主制』によれば、民主制において貴族的役割を果たしうるものは、法曹である。田中先生の「貴族性」は、天性のものでもあろうが、やはりトクヴィルの指摘した民主制における法曹の役割についての深い学問的認識と、そして法曹教育に携わるものとしての強い使命感から生まれたものではなかったかと私は思う。

14　理論志向の学際的な民法研究
——平井宜雄さん追悼——

平井さんが世を去られた三日前の（二〇一三年）一一月二六日まで、私がこの場に立って平井さんへの弔辞を読むことになろうとは思ったこともありませんでした。しかし人生は計りがたいものであり、思ったこともないことに遭遇するのが人生であります。私は学者としての平井さんからは遠く隔たった存在であり、学者としての平井さんの業績を深く理解する能力を持ちません。もちろん平井さんは長い年月にわたって、東大法学部の中心領域である民法学を担い、その学問的伝統の形成を導いてこられたことは、私なりに理解はできなくとも、想像することはできます。

私は学生であった当時、平井さんと同学年の学生としてお互いに近い関係で一九五〇年代後半の学生生活を共にしました。平井さんと私とは共に法学部第三類（いわゆる政治コース）に属しておりました。その時代は後年の民法学の大家平井さんにとって、いわば民法学以前、というよりも法律学以前の時代であり、当時平井さんはヨーロッパ、特にドイツの政治史に強い関心を持ち、また外国の政治学者の理論書も直接自分で購入し、読んでいました。当時の平井さんの蔵書のうち、何冊かの外国書は、後に私が買い取り、現在も私の書架に入っているものもあります。当時私自身も未だ政治学以前の時期にあり、平井さんも私もお互いに自分の将来に確信の持てない不安の中にあったように思います。

その後私は結局政治学への進路をとりましたが、平井さんは大きく方向を転換し、川島武宜先生の門を叩き、民法研究に志しました。当時平井さんのとった道はいわゆる迂路（回り道）であり、しかも険路（険しい道）であるようにわれわれには思われたのであります。当時われわれには平井さんは性格的には直路（最短距離の真っ直ぐの道）を選ぶ人のように思われていました。しかし平井さんの選んだ迂路にして険路は、今から考えてみると、平井さんを大成させる正道であったように思います。

後年平井さんは民法解釈論だけでなく、「法政策学」という新しい領域を開き、それを通じて平井さんの本来の領域である民法解釈論に新しい発展の方向を示すとともに、隣接分野の法社会学にも影響を与えましたが、「法政策学」の発想の根源は平井さんの辿った学者としての迂路（とくに民法学以前、あるいは法律学以前）にあったように思われるのであります。特に法的制度設計の一般的評価基準としての「正義性基準」と「効率性基準」との相剋の問題、あるいは「正義性基準」によって導かれる「法的思考様式」と「効率性基準」によって導かれる「目的手段的思考様式」との相剋の問題を「法政策学」の根本問題として据えられたことは、まだ学生であった法律学以前の若き日の平井さんの問題意識に胚胎していることを私は感ずるのであります。

また平井さんはこのような根本問題との関連で、法学方法論や法学教育における「議論」の意味について問題を提起されたのみならず、自らその意味を示すことを試みました。特に一九八〇年代末から九〇年にかけて星野英一先生との間で行われたこの問題をめぐる「議論」は、「近来まれにみる大論争」

として当時政治学者の丸山眞男先生などの注目を引き、丸山先生の没後に出版された『丸山眞男回顧談』では星野・平井論争の意義について特に言及されています。星野先生が亡くなられた後、平井さんは日本学士院総会において星野先生への追悼の辞を述べられましたが、それが星野・平井論争を締めくくる平井さんの最後のことばとなったように思われます。

一年ぐらい前の事であったかと思いますが、平井さんとの会話の中で、川島先生のことが話題になったことがありました。その時私が甚だ不躾《ぶしつけ》にも、川島先生のご著作の中で後世に残るものは何であろうかという質問をして平井さんの考えを質したことがありました。これに対して平井さんは殆ど躊躇なく『所有権法の理論』だろうな」と答えました。かつて『所有権法の理論』と悪戦苦闘した体験を持つ私には十分納得できる平井さんの答えでしたが、同時に平井さんの『損害賠償法の理論』はその徹底した理論志向の学問的態度において、『所有権法の理論』と共通するものがあると感じました。あえていえば、『所有権法の理論』は『損害賠償法の理論』を導き出したのであり、学問的伝統はこのようにして作られるのだということに思い至ったのであります。

振り返ってみますと、学生時代以来の平井さんとの交友は既に半世紀を越えました。この間平井さんとの交友は常に学問を媒介としたものであったように思います。それはもっぱら平井さんの学問が他の領域の学問にも影響を及ぼす真に学際的なものであったからだと思います。そしてその学際性は強力な理論性にあると私は考えます。そのような平井さんの学問に対し、深い敬意を表し、お別れの言葉を結びます。

付　「判断力」とは何か
――平井宜雄さん三回忌挨拶――

平井宜雄さんが二〇一三年一一月二六日に私共の許を離れてから満二年の歳月が流れました。私は二〇一三年一一月二九日に行われたご葬儀において、思いもかけず、ご霊前に拙い弔辞を捧げました。当日のご葬儀において、今なお深く記憶に残っておりますのは、式の最後に述べられたご令息平井誠さんの参列者に対する謝辞のことばです。

ご令息は謝辞の中で、亡きご尊父が生前ご令息に対し、「人間が生きて行く上で最も重要なのは、体力や気力ではなく、判断力だ」といわれたことを紹介されました。平井さんがご令息に与えられたこのことばは、私に非常に強い感銘を残しました。少なくとも私自身は私の息子に対して、このような深い含蓄をもった教えを与えたことはありません。平井さんに対する敬意をますます深くした次第であります。

平井さんが指摘された人間が生きて行く上で最も重要な力である「判断力」とは何なのか、私なりに考えました。哲学者カントの有名な三批判書の中に『判断力批判』というのがあります。もちろん私には『判断力批判』をその厳密な論理に従って要約する能力はありませんが、『判断力批判』の政治哲学的意義を高く評価したハンナ・アーレント（『過去と未来の間』第六章「文化の危機」）に従えば、カントのいう「判断力」とは「事柄を自分自身の観点からだけではなく、そこにいあわせるあらゆる人の観点で見る能力」であります。つまり「判断力」とは「主観的で私的な条件から解放され」、他者の存在を前提として他者の観点で思考する能力であり、他者の観点を包摂したいわゆる「共通感覚」（アーレントのいう“common sense”）に根ざすものであります。アーレントは「判断力は政治的存在者としての人間の基本的な能力の一つ」としています。すなわち「判断力」は他者との世界の共有＝他者との合意に基づくものであり、そして他者との合意は予定調和的に成し遂げられるものではなく、「議論」・「論争」の介在によって成し遂げられるものであります。

ここで平井さんに帰るわけであります。平井さんが民法学における方法論として「議論」・「論争」の重要性を強調されたことにはカントの『判断力批判』につながる深い哲学的意味があり、また生きる力としての「判断力」の重要性を強調されたこととの間にも深い関連があるように思われるのであります。

以上、平井さんが生前ご令息に与えられた教えに触発され、やや妄想めいたことを申し上げました。場にふさわしくないことを申し上げたかも知れませんが、これはひとえに平井さんの学問に対する私の深い敬意に発するものでありますので、お聞き苦しかった点があれば、お許しをいただきたいのであります。失礼いたしました。

15　六〇年来の懸案
――『吉野作造選集』の刊行と安江良介さん――

政治ジャーナリストとしての安江さんの卓抜したセンスと行動力については、既に一九六〇年代の半ば頃から聞き知っていた。しかし私自身は、その方面の安江さんの活動とは直接には相触れる機会はなかった。私の狭い行動範囲は、安江さんの広い行動範囲との接点をもつことができなかったのである。私が安江さんとの直接の接触の機会をもつようになったのは、むしろ『世界』の編集長を退かれた後であり、それも社長在任中の晩年の数年間にすぎなかった。しかしそれは私にとっては、忘れがたい、実りある交流の数年間であった。ここではとくに私が編集委員の一人として関与した『吉野作造選集』（一九九五―九七年）の刊行に際して示された出版人としての安江さんの見識と誠実について書いておきたいと思う。

『吉野作造選集』は吉野の関係者にとっても、また岩波書店にとっても実に六〇年をさかのぼる懸案であった。私はそのことを六〇年前に『吉野作造選集』の刊行のために尽力された岡義武先生の当時の手帳のメモや同じ時期に仙台のご実家に滞在しておられた静子夫人宛の先生の私信から知ることができた。『吉野作造選集』刊行が関係者の間で最初に問題となったのは、吉野が没した翌年の一九三四年七月五日のことであった。この日南原繁先生と岡先生との「雑談」の中でこの件が浮上し、翌日の政治学研究会（東大の政治学講座の最初の教授であった小野塚喜平次先生の指導を受けた政治学者たちを中心とする研究会）において、この件が提案され決定された。その後高木八尺先生と岡先生とを責任者として、尾佐竹猛博士らを含めた関係者の間で協議が重ねられた結果、全三巻（第一巻は政治学・政治評論、第二巻は明治文化研究、第三巻は明治政治史講義案）とする案がまとめられた。そして出版については、吉野が生前最も関係の深かった中央公論社にまず交渉し、それが成立しなかった場合には岩波書店に打診することとなった。

同年七月二三日高木・岡両先生は中央公論社に嶋中雄作社長を往訪し、選集の原案についての意見を求めたが、同社長は全三巻案に難色を示し、一巻に圧縮するよう求めるとともに、「他の学術書を専門にした書肆《しよし》より出版されても同社としては異存なし」（同日付夫人宛岡先生私信）との意向を示した。そこで翌日両先生は南原先生と協議した結果、中央公論社との交渉を断念することとし、同日三先生が岩波茂雄店主と会見し、七月二七日に出版を承諾する旨の回答を得た。岩波店主と三先生との会見では、菊判一冊五〇〇頁、単価二円五〇銭—三円などという具体案も出されており、選集は翌年の一九三五年の刊行が予定されていた。しかしこの計画は、当時吉野家が明治政治史講義案の提供に積極的でなかったために結局実現しなかったのである。

戦後『吉野作造選集』に近いものが出されたが、必ずしも体系的とはいえず、しかも占領軍の検閲の下で出されたために、戦前とは逆の意味の反権力的なテクスト（反米的とみなされた部分）の削除が指示された場合があった。そこで私は一切の政治的配慮を必要としない完全な学問の自由の保障の下での最初の『吉野作造選集』を出す必要があると考えていた。中央公論社では、このような企画が一度検討されたことがあったが、実現にいたらなかった。私たちと共に『長谷川如是閑集』を担当された岩波書店編集部の山中逸洋さんは、選集の意義を最もよく理解され、安江さんに働きかけてその実現のイニシアティヴをとられた。一九九三年の岩波書店創立八〇年記念パーティの席上で、安江さんは私に対して、「選集は何巻になっても構わないから、思うようにやって下さい。」といわれた。その時私は出版人としての安江さんの見識と器量を感じた。『吉野作造選集』が大きな営業利益につながるような見通しは全くなかったからである。その後安江さんは中央公論社の嶋中鵬二社長を往訪し、選集の刊行についてその了解を求められたようである。お二人の話し合いが尋常のものではなく、緊迫したものであったことについては、私は安江さんからも嶋中さんからも伺った。嶋中さんは厳父以来深い関係にあった吉野の選集が中央公論社以外から出版されることを少なからず残念に思っておられたのであろう。安江さんは出版の大義のために、あえて対立を辞されなかったのだと思う。私はそこに安江さんの出版人としての誠実を感ずる。

六〇年来の懸案を実現した『吉野作造選集』は、安江さんが『信濃毎日新聞』(一九九五年七月一日付)紙上で慨嘆されたように、多くの販路を見出すことはできなかった。のみならず私が敬意を払っている学者の中にも、選集の現代的意味に懐疑的な人々もいた。選集の編集に携わった者として、私は自らの非力を痛感し、何より安江さんの信頼に応えることができなかったことを残念に思う。そのような思いを私は一九九六年七月丸山眞男先生への手紙の中に書いた。当時死の床に就いておられた先生は、夫人に託して私に電話のメッセージを下さり、吉野選集が読まれないことは現代日本の知的頽廃《たいはい》を象徴していると指摘され、「吉野選集は必ず後世に残ると信じます」との言葉を伝えられた。私は安江さんのために、この丸山先生の言葉を信じたいと思う。

16　媒介者としての編集者
――粕谷一希さんを偲ぶ――

私が中央公論社主宰の第九回吉野作造賞を受賞してから、今年（二〇一四年）でちょうど四〇年になる。粕谷さんと出会ったのも、四〇年前だった。当時の選考委員会（メンバーは、蠟山政道、中山伊知郎、松本重治の三氏）の結論が出た後、夜遅く、当時雑誌『中央公論』編集長だった粕谷さんがそれを知らせるために拙宅を訪ねてくださったのである。その際民主主義と自由主義との関係について、話題にしたのを覚えている。粕谷さんはその種の話題を好む編集者だった。しかしイデオロギー的立場に固執する人ではなかった。編集者は文化のいろいろな分野について広く関心と知識を持ち、それらを媒介する役割を果たすことが重要な務めであると私は考えている。そのような役割を果たすことができる高い能力を持っていたという意味で粕谷さんはすぐれた編集者だった。

それから四〇年、粕谷さんとの淡々たる関係が続いた。それは私にとっては、どちらかといえば好ましいものだった。粕谷さんによれば、私は「寡筆」であったが、少なくとも粕谷さんが編集責任者であった雑誌には漏れなく長篇の論文やエッセーを寄稿した。私としては、どれも満足のゆくものだった。粕谷さんからの依頼でなければ、おそらく私はそれに応じることはなかったと思う。それらのうち、

『外交フォーラム』に四回にわたって掲載した論文については、粕谷さんから単行本にまとめるよう勧められたが、いろいろの事情で約束を果たさなかった。これは近い将来ちがった形で遅ればせながら、約束を果たしたいと思っている。

先日古い書簡類を整理していたら、二〇〇〇年一〇月二五日付の私に宛てた粕谷さんの書簡が出てきた。それは、ある出版社のPR雑誌に私が連続して書いた栗本鋤雲と森鷗外の「渋江抽斎」とについての二篇の小文に対する過褒ともいうべき感想が綴られたものだった。それには、「じつは私自身鷗外の作品で一番最初に接したのが『渋江抽斎』でした。敗戦後東京堂の選集の最初の配本だったためです。十八、九歳のときだったと思います」との回想が折り込まれている。それと併せて、粕谷さんは日本の社会と国家の「衰亡の兆し」を指摘し、「それだけに知識人の権力――社会権力を含めて――との距離の取り方が大切になってくるように思います」と書いている。

粕谷さんは編集者であるとともに、著作家でもあったが、その評論集の中に、『作家が死ぬと時代が変わる』（二〇〇六年）というものがあった。粕谷さんについては、「編集者が死ぬと時代が変わる」という感を深くしている。

17　真っすぐに生きた人
――阪谷芳直さん追悼――

私が阪谷さんと相識る機会を得たのは、阪谷さんと同じく戦前の北京において阪谷さんが「人師」と呼んだ中江丑吉に傾倒し、親炙《しんしゃ》した小倉倉一さんを通してである。私は一九六二（昭和三七）年東大法学部助手在任当時、最初の論文を執筆する過程で日本農政史の専門家の教示を得る必要が生じ、西ヶ原にあった農林省農業総合研究所（現・農林水産政策研究所）に小倉さんを訪ねたことがあった。小倉さんは当時私の問いに対し、実に適切な知識と示唆を与えて下さり、その学恩はいまも忘れることはできないが、それ以来小倉さんとは長年にわたって親しくさせていただいた。

小倉さんを識って間もなく、一九六四年に刊行された『中江丑吉書簡集』（みすず書房）によって小倉さんと中江丑吉との関係を初めて知り、その機会に阪谷さんのお名前も知ったと思う。その後小倉さんとお会いするたびに中江丑吉のことが必ず話題となったが、ある時小倉さんが「これは自分の友人が書いたものだが、読んでみないか」と言って、二〇〇字詰めの原稿用紙に書かれた一束の草稿を私に渡した。それは「追憶片々」と題された中江丑吉についての阪谷さんの自筆の草稿であった。それを読んだのが、私が阪谷さんの文章を読んだ最初である。それは私にとって中江丑吉の具体的な人間像を初めて鮮明な形で与えてくれたものであり、一読では足らず、再読に及んだ。特に印象深かったのは、中江が「マッセン（大衆）のリーダー」について語った部分であり、「マッセンのリーダーは、大衆から一歩だけ先にいる人間じゃなくては、駄目なんだ。五歩も十歩も先をあるく奴には、とうていリーダーの資格はない」というような言葉は、当時日本政治史におけるリーダーシップの問題を考えていた私にとって、同じ草稿のなかで紹介されていた近代日本のリーダーについての中江の歴史的評価（「政治家では大久保利通、伊藤博文、それからずっと飛んで原敬。まずこの三人だけだ」）と並んで、その見識を感じさせるものであった。この草稿は福田歓一先生にも読んでいただき先生の示唆によって雑誌『みすず』（一九六六年三月〜四月）に掲載された（『中江丑吉の肖像』勁草書房、一九九一年に「中江丑吉との対話から」と改題のうえ再録）。

よく知られているように、中江丑吉が若き日の阪谷さんに与えた影響は、阪谷さんの全人生にとって決定的であったと思われるが、その一つは峻厳な精神的貴族主義であろう。それは中江の学問における徹底的な古典主義および原典主義に表れている。その激烈さはきわめて真摯で純粋な学徒であった阪谷さんをも、しばしばひるませ、たじろがせるほどであった。阪谷さんの学問的志向は中江の哲学的志向とは異なり、歴史的志向が強かったと思われるが、そこには中江の古典主義および原典主義が形を変えて貫かれているように見える。

もう一つは一見これと相反する生活者的実際主義である。阪谷さんによれば、中江はカントからヘーゲルにいたるドイツ理想主義哲学の根本問題を「人としての生き方の問題」としてとらえ、その精神は哲学者などよりも、むしろ哲学を知らない「真摯素朴な農夫などのレーベン（生）のなかに……自覚されずに存在しているともいえるだろう」と阪谷さんに語った（「中江丑吉の人と思想」同上所収）。そのようなドイツ理想主義哲学の精神がマルクスにおいて極限に達したと中江は理解したのであろう。すなわち中江においては精神的貴族主義は生活者的実際主義と深く内面的に結びついていたのであり、中江の言う「自覚したマッセ」とはそれを体現した存在であった。おそらくこれこそが阪谷さんが中江から受け継いだ生き方ではなかったかと思われる。

その後阪谷さんは尊敬した中江のような学究ではなく、同じく尊敬した厳父のような実務家の道を選んだ。そしてその道を通して精神的貴族主義を貫き、「自覚したマッセ」に徹しようとされた。阪谷さんは最も献身的な実務家として活動しながら、それと不可分の活動として終生学問に精進された。中江が一九四一年八月一五日に阪谷さんに遺した最後の言葉は、「こういう時代には必ずスケプティシズム（懐疑主義）が起ってくる。君はいかなる事態がこようとも、こういうスケプティシズムに陥ってはならない。そうしたものにいたされずに真っすぐ生きていくように」との言葉であったと阪谷さんは書いている（「世界史進展の法則――八月十五日と中江さんの思い出――」同上所収）。阪谷さんは中江が教えたように、スケプティシズムに陥ることなく、真っすぐに生きた。阪谷さんは中江丑吉を継ぐ者であったのであり、中江亡きあと、その理想は阪谷さんの生涯において最も現実に近づいたといえよう。

私の家には中江丑吉の父兆民が一九〇一（明治三四）年に死を迎える一月前、幸徳秋水に与えた絶筆の小幅が掲げられている。それには魏の文帝（曹操の長男曹丕）の『典論』のなかの「文章経国（之）

大業 不朽（之）盛事」という文字が書かれている。阪谷さんの文業は戦後の日本における「能動的市民」の理念型を示したという意味において、「経国之大業」というに値するものであったと思う。

18　司法制度改革における道徳的リーダーシップ

――中坊公平さんを偲ぶ――

ご紹介いただきました三谷太一郎でございます。私が初めて中坊さんにお会いいたしましたのは、二〇〇一年一月九日に行われました司法制度改革審議会の席上においてであります。もちろん中坊さんは当時世上きわめて知名度の高い方でありましたから、私の方はお名前とご業績はよく存じ上げておりましたが、直接にお目に掛かるのはそれが初めてでありました。当時司法制度改革審議会では、国民の司法参加の問題の審議が最終段階に入っておりまして、審議会としてはどのような具体的な結論を出すかが問題になっていたと思います。私はもちろん司法制度の専門家ではございませんが、それまで欧米や日本の陪審制について、それを政治制度としてとらえるという観点から若干の研究を重ねて参りましたので、当日の審議会でそういう観点から陪審制についての見解を述べるようご要請があり、刑事訴訟法の松尾浩也、英米法の藤倉皓一郎のお二人の専門家と共に当日の審議会に参上いたしました。そこで審議会の委員であった中坊さんにお目に掛かったわけであります。

私が審議会の席上、特に強調いたしましたのは、国民の司法参加は単に司法制度改革に止まらず、政治改革でもあるということでありましたが、このことは中坊さんのような世論への影響力の強い方の注意を喚起したいと思ったからであります。私の印象では中坊さんはこの点に強く感応されたようであります。

司法制度改革のような根本的な制度改革（要するに道徳改革の意味をもつ制度改革）を試みる場合に重要なことは、社会の普通の人々が共有している道徳感情（moral sentiment）に訴え、それを揺り動かすことであります。そしてそれができる人を運動のリーダーにすえることであります。しかしそれができる人は世に決して多くはありません。政治や行政を真に動かすことのできる人は普通の人々のモラル・センチメントを動かすことのできる人、その意味の「モラリスト」であると考えます。今から振り返ってみると、中坊さんはもちろん司法制度改革を先導するにふさわしい知識を備えた法律専門家の一人であったと思いますが、私の見解では、それ以上に普通の人々のモラル・センチメントを喚起することのできる希少な「モラリスト」、道徳的リーダーであったと思います。

中坊さんの晩年は中坊さんご本人にとってだけでなく、中坊さんを知る人々にとっても不本意なものでありましたが、そのことは司法制度改革に果たした中坊さんの役割（道徳的リーダーとしての役割、道徳的リーダーシップ）の評価を減じさせるものではないと考えます。以上中坊さんを偲んで、私の回想の一端を述べさせていただきました。

III　戦争と戦後を生きる

1　『三四郎』の時代と大学
――西片町と日露戦争下の東大――

漱石の引越し

漱石の『三四郎』の中に広田先生の引越しの場面がある。広田先生は三四郎ほか広田先生周辺の青年たちの手助けを得て、本郷区内の旧居から同じ区内の西片町十番地への三号へ引越してくるのである。これは、明治三九（一九〇六）年一二月二七日の漱石自身の引越しの場面を部分的に小説の場面として挿入したものであることを小宮豊隆が『夏目漱石』の中で書いている。小説では、当時の天長節（一一月三日）当日引越し先の家の掃除を頼まれた三四郎が一人先に来て、ぼんやりとこの家の庭に面した縁側に腰掛けていると、突如庭先に過日大学の池の縁で出会い、またその後病院の廊下で再び出会って強い印象を残した女が現れる。「風が女を包んだ。女は秋の中に立ってゐる」。三四郎は女から名刺をもらい、はじめてその女の名を「里見美禰子」と知る。

漱石自身は、『吾輩は猫である』の舞台となった千駄木の家の持主で友人の二高教授斎藤阿具が一高へ転任になるので、千駄木の家を引き払い、西片町の家へ引越してくるのであるが、明治三九年から四〇年にかけて九ヵ月あまり住んだこの家で、漱石は『虞美人草』を書いた。「本郷区西片町十番地ろノ七号——大学正門前から空橋を渡って、阿部邸前の広場をぬけ、小石川柳町へ下りる坂の曲り角を、一寸左へ這入つたところ——の家」と小宮は書いている。私の陋居《ろうきょ》は、狭い道をへだてて、この漱石の旧居跡の斜向いに立つマンションの一角にある。

私がこのマンションに移り住んだのは一九七二年一月で、したがって二〇年以上もここに住んでいることになるが、私が来た当時には漱石の家はまだ存在していた。時を無視したような黒々とした木造の家屋がまわりの新しく明るい家並の中に重く沈んでいた。漱石は『三四郎』の中でこの家を、「妙に細い通りの中程にある。古い家だ。玄関の代りに西洋間が一つ突き出してゐて、それと鉤《かぎ》の手に座敷がある」と描写しているが、私の記憶にあるこの家の外観も、ほぼこれに一致する。私は陋居に移って間もなく、この家が漱石の家であったことを知ったが、それから一〇年以上を朝夕この家のたたずまいに親しんで過ごした。震災と戦災とを生きのびて、この家は残っていたわけである。

この漱石の家がとりこわされたのは、一九八二年一一月であって、この家の庭先に里見美禰子が立った秋から数え

西片町の家．千駄木の家の家主であった友人斎藤阿具が，二高から一高の教授に転任帰京したため，明治 39 年暮れ，漱石はこの家にあわただしく転居した（写真・日本近代文学館）.

て七六年目の秋のことである。その頃私はたまたま木下順二氏の『本郷』という作品を読んで、私の先生の先生に当たる政治学者吉野作造が二高生徒であった当時（明治三〇〜三三年）、大きな精神的影響を受けた二高教授佐々政一（醒雪）が木下氏の伯父であること、そして佐々が漱石の千駄木の旧居の家主斎藤阿具の二高における同僚であったことを知った。そこで私は『本郷』の読後感を記した手紙に添えて、佐々と吉野との二高における師弟としての精神的交流を、吉野が感慨をこめて回想している一文のコピーを木下氏にお送りした。そして手紙の中で斎藤阿具の一高への転任に伴って、漱石が移った西片町の家が最近とりこわされたことを書いた。

これに対して木下氏は丁重な返書を下さったが、それには漱石の家がとりこわされることを新聞で知って、とりこわされる前日その家を氏が訪れたことを書いた『群像』一九八三年一月号所載の「西片町の家」という一文のコピーが同封されていた。氏の文章には、この家について「白山上から白山下へ下り切って少し行ったところを左へ、東へ折れると、それは一葉の最後の住いがそこにあった南北に細長い旧丸山福山町の狭い幅を突っ切る道で、それがだんだんきつい上り坂になって来てやがてぎゅうっと右へ曲って十数歩を歩いたとき、正面の向うに見える真黒けといっていいほど古びた二階家を、ああ、あれがそうだと、はっとするように分った」と書かれている。

西片町と鷗外

この漱石の家があった西片町は、備後福山藩主阿部家の中屋敷（丸山邸）があった所であり、鷗外が深い敬愛をもって描いた同藩侍医で校勘家であった伊沢蘭軒が文化一二年（一八一五）七月から文政一二（一八二九）年三月のその死にいたるまで住まった所でもある。鷗外の「伊沢蘭軒」には、主人公が藩主阿部正精《まさきよ》からその邸内に一戸を与えられた際に詠んだ詩が紹介されているが、鷗外はとくにその中の藩主が足疾をもつ蘭軒に与えた格別の処遇を詠んだ一句、「公宴不陪朝不坐」をとり上げ、「阿部侯が宴を設けて群臣を召しても、独り蘭軒は趨《おもむ》くことを要せなかつた。わたくしはこれを読んでビスマルクの事を憶ひ起す。渠《かれ》は一切の燕席《えんせき》に列せざることを得た。わたくしは彼国《かのくに》に居つたが、いかなる公会に莅《のぞ》んでも、鉄血宰相の面《おもて》を見ることを得なかつた。……渠は此の如くにして燮理《しょうり》の任を全うした。蘭軒は同一の自由を允《ゆる》されてゐて、此に由つて校讎《こうしゅう》の業に専《もっぱ》にした。人は或は此言を聞いて、比擬《ひぎ》の当らざるを嗤《わら》ふであらう。しかし新邦の興隆を謀るのも人間の一事業である。古典の保存を謀るのも亦人間の一事業である。ホオヘンツオルレルン家の名相に同情するも、阿部家の躄儒《へきじゅ》に同情するも、固よりわたくしの自由である」と述べているのを忘れえない（本書I-3、四八頁を参照）。鷗外は、埋もれた一考証学者の生涯の事業がビスマルクの政治的偉業と価値において対等である所以を昂然と弁じているのである。それは、一面において伊沢蘭軒に託した文人鷗外の自負の表白であり、また他面、官僚鷗外のひそかな挫折感の表出でもあったであろう。この作品が新聞に連載される前年の大正四（一九一五）年一二月、鷗外の陸軍省におけるかっての上司石黒忠悳《ただのり》（当時男爵・貴族院議員）が鷗外を貴族院議員に推挙したとの書簡を送ったのに対して、鷗外は厚くこれを謝し、「御下命ノ上ハ直ニ御受可申上ハ勿論一層言行ヲ慎ミ御推薦ノ厚宜ニ負候事無之ヤウ可仕候」と記したが、事は成らなかった。

藤島武二画「東京帝国大学行幸」（明治神宮聖徳記念絵画館所蔵）

正門を最初に通った明治天皇

広田先生の引越路を逆にたどり、本郷通りへ出ると、道の向う側が東大正門である。これが二〇年以上におよぶ私の通勤路である。現在の東大正門が正式に開通したのは、明治四五年七月（すなわち明治最後の月）のことである。この門を最初に通ったのは、この年の七月一〇日東京帝国大学の卒業式に臨んだ明治天皇であった。大学側の記録には、「我大学に於ては新に落成せし正門の大鉄扉を始めて開きて諸般の準備を整へ……一同正門内両側に整列奉迎」とある。これが明治天皇の最後の行幸となった。

現在神宮外苑の聖徳記念絵画館には、明治天皇および昭憲皇太后の事績を描いた絵画八〇点が展示されているが、その中に天皇の馬車が東大正門に入ろうとする場面を描いた藤島武二の作品が入っている。明治天皇は、この行幸の二〇日後の七月三〇日に満五九歳でその生涯を終えた。卒業式当日は、天皇没後亡き天皇の後を追って殉死した乃木希典大将もまた、天皇とともに卒業式に臨席している。

東京帝国大学卒業式への天皇の臨幸が始まったのは、明治三二年のことであり、その後必ず毎年それが行われたわけではなかったが、日露戦争が起こった明治三七年以降は明治天皇は毎年卒業式への臨席のために盛夏の七月一〇日前後に東大を訪れた。卒業式に臨んだ天皇は、各分科大学の優等卒業生たちに対して、いわゆる恩賜の銀時計を授与するのが慣例であった。日露戦争下の明治三七年七月一一日に行われた卒業式には、戦時にもかかわらず桂太郎首相以下陸海両軍部大臣を含むほとんどすべての閣僚が来学し、大学側とともに天皇を迎えた。当日大学側は卒業式に先立って天皇に対して、標本や古文書を閲覧に供し、それらについての説明を行ったが、古文書はすべて蒙古襲来関係のものであり、「北条時宗祈願文」「宏覚禅師蒙古降服祈禱文」などであった。また人類学者坪井正五郎によって「ろしやの人種」と題する説明も行われた。

ついで行われた卒業式では、全卒業生四七四（法科一四八、医科九二、工科一三五、文科六〇、理科一八、農科二一）名中優等卒業生一二名にそれぞれ銀時計がおくられたが、この年法科大学政治学科を首席で卒業した吉野作造もまたその一人であった。吉野は日露戦争後に文科大学に入学した小川三四郎よりも四、五歳年長に当たると思われるが、『三四郎』の中では佐々木与次郎が明治一五年前に生まれた者とそれ以後に生まれた者との感覚のちがいを強調している箇所があり、これはおそらく日露戦争の戦前派と戦後派とを区別する趣旨であったと思われる。「三四郎」の世代は、その意味の日露戦争の戦後派であった。ちなみに吉野は明治一一年生まれであり、首相となった吉田茂と同じ生年であった（ただし吉田の卒業は吉野より二年後の明治三九年であった）。

日露戦争と「学問の自由」

日露戦争そのものが大学におよぼした影響は、後の日中戦争や太平洋戦争にくらべれば、はるかに小さかった。卒業式当日天皇は大学当局に御沙汰書を下し、「軍国多事の際と雖《いえど》教育の事は忽《ゆるが》せにすべからず。其局に当る者克《よ》く精励せよ」との方針を指示した。開戦前に富井政章名誉教授および法科大学五教授を含むいわゆる七博士が満州についての対露妥協に反対する趣旨をもりこんだ意見書を政府要路に提出し、しかもその内容が最強硬論者の戸水寛人教授（ローマ法）によって公表され、大きな反響を呼んだ事件があったが、天皇の御沙汰書が発せられるに当たっては、政府筋に同種の事件の再現につながる大学側の動向への懸念があったのかもしれない。政府筋は大学を動員してその戦争協力を積極的に求めるよりも、むしろ戦争の影響が過度に大学におよぶことを抑えようとしたようである。戦時において大学が求められたのは、どちらかといえば、「ビジネス・アズ・ユージュアル」の原則であったと思われる。わずかに戦時色を感じさせるものとしては、徴兵猶予の特典があったためか大学院学生に登録した者の数が増えていることとか、海外留学中の国際法学者立作太郎助教授が開戦直前に外務大臣の要請によって大学側の承認を得ることなく文部大臣命令をもって召還され、大学側の批判をよびおこしたことか、さらに文部省派遣留学生の新規採用が停止されたことなどが挙げられる程度である。

明治三八年八月日露講和会議中に行われた政府の戸水教授休職処分に対して、法科大学教授会の多数が「学問の自由」のためにこれに抗議し、『国家学会雑誌』に美濃部達吉編集主任をはじめとする反論が特集の形で一斉に掲載されたのも、戦時下の大学に「ビジネス・アズ・ユージュアル」の原則が貫か

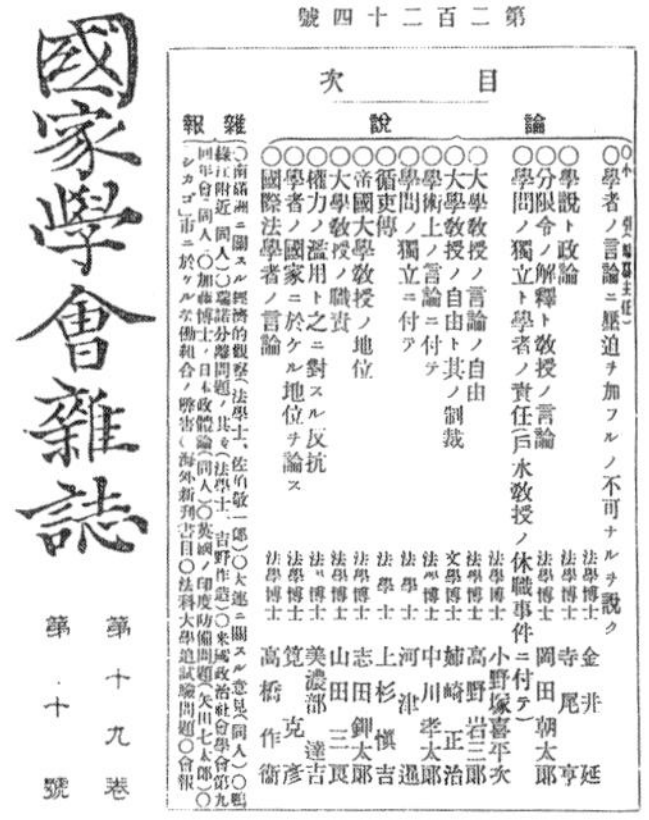

第二百二十四號

國家學會雜誌

第十九卷

第十號

目次

論説

○小野塚（編纂主任）學者ノ言論ニ壓迫ヲ加フルノ不可ナルヲ說ク　法學博士　金井延
○學說ト政論　法學博士　寺尾亨
○分限令ノ解釋ト教授ノ言論　法學博士　岡田朝太郎
○學問ノ獨立ト學者ノ責任（戸水教授ノ休職事件ニ付テ）　法學博士　小野塚喜平次
○大學教授ノ言論ノ自由　法學博士　高野岩三郎
○大學教授ノ自由ト其ノ制裁　文學博士　姉崎正治
○學術上ノ言論ニ付テ　法學博士　中川孝太郎
○學問ノ獨立ニ付テ　法學士　河津暹
○循吏傳　法學士　上杉愼吉
○帝國大學教授ノ地位　法學博士　志田鉀太郎
○大學教授ノ職責　法學博士　山田三良
○權力ノ濫用ト之ニ對スル反抗　法學博士　美濃部達吉
○學者ノ國家ニ於ケル地位ヲ論ス　法學博士　筧克彦
○國際法學者ノ言論　法學博士　高橋作衞

雜報

○南滿洲ニ關スル經濟的觀察（法學士、佐伯敬一郎）○大連ニ關スル意見（同人）○鴨綠江附近（同人）○瑞諾分離問題ノ其ゝ（法學士、吉野作造）○米國政治社會學會第九回年會（同人）○加藤博士ノ日本政體論（同人）○英國ノ印度防備問題（矢田七太郎）○「シカゴ」市ニ於ケル公働組合ノ弊害（海外新刊書目○法科大學追試驗問題○會報

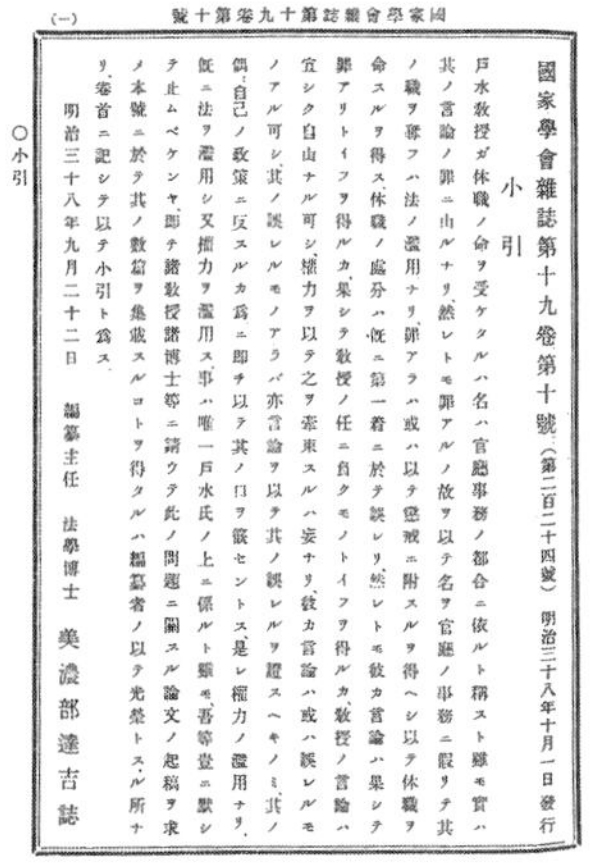

國家學會雜誌第十九卷第十號　(一)

○小引

國家學會雜誌第十九卷第十號（第二百二十四號）　明治三十八年十月一日發行

小引

戸水教授ガ休職ノ命ヲ受ケタルハ名ハ官廳事務ノ都合ニ依ルト稱スト雖モ實ハ其ノ言論ノ罪ニ由ルナリ、然レトモ罪アルノ故ヲ以テ名ヲ官廳ノ事務ニ假リテ其ノ職ヲ奪フハ法ノ濫用ナリ、罪アラハ或ハ以テ懲戒ニ附スルヲ得ヘシ以テ休職ヲ命スルヲ得ス、休職ノ處分ハ既ニ第一着ニ於テ誤レリ、然レトモ彼カ言論ハ果シテ罪アリトイフヲ得ルカ、果シテ教授ノ任ニ負クモノトイフヲ得ルカ、教授ノ言論ハ宜シク自由ナル可シ、權力ヲ以テ之ヲ牽束スルハ妄ナリ、彼カ言論ハ或ハ誤レルモノアル可シ、其ノ誤レルモノアラハ亦言論ヲ以テ其ノ誤レルヲ證スヘキノミ、其ノ偶々自己ノ政策ニ反スルカ爲ニ即チ以テ其ノ口ヲ箝セントス、是レ權力ノ濫用ナリ、既ニ法ヲ濫用シ又權力ヲ濫用ス、事ハ唯一戸水氏ノ上ニ係ルト雖モ、吾等豈ニ默シテ止ムヘケンヤ、即チ諸教授諸博士等ニ請ウテ此ノ問題ニ關スル論文ノ起稿ヲ求メ本號ニ於テ其ノ數篇ヲ集載スルコトヲ得タルハ編纂者ノ以テ光榮トスル所ナリ、卷首ニ記シテ以テ小引ト爲ス、

明治三十八年九月二十二日

編纂主任　法學博士　美濃部達吉誌

『国家学会雑誌』（明治38年10月1日発行）の表紙（右）と美濃部達吉による「小引」（特集趣旨説明）

れていた結果ともいえよう。戦時といえども「学問の自由」は確保されなければならないというのが当時の法科大学の支配的意見であったのである。

後年国体論的憲法学者として美濃部達吉の天皇機関説を排撃した若き日の上杉慎吉がこの時美濃部とともに政府に対する論陣を張り、ミルトンが一七世紀のイギリスにおいて出版の自由を主張した論策『アレオパジティカ』を援用しながら、「俗官吏学問教育ノ自由ノ大義ヲ解セズ。一時ノ利便ニ従ヒ権勢ノ駆使ニ就キ、任《みだり》ニ学問教育ノ職ニ在ル者ノ地位ヲ動カサンコトヲ試ムル者アリ。識者見テ帝国文明ノ前途ノ為メニ深憂アリ。第十七世紀ノ頃ニ於テミルトンガ出版自由ノ為メニ痛論セルガ如ク、今ノ時ニ学問ノ自由教育ノ自由ノ為メニ呼号スルニ至レリ」（傍線・傍点原文）と弁じているのはおもしろい。このような上杉の見解は、日露戦争を通してむしろ強められた『三四郎』の時代の大学の自由主義的価値観を反映していると見てもさしつかえないであろう。そして『三四郎』の時代は、大学が政府から独立した実質を次第に獲得しつつあった時代とも見ることができよう（拙著『大正デモクラシー論——吉野作造の時代——』第三版、東京大学出版会、二〇一三年所収「大学の独立と文芸の独立——『三四郎』の時代——」を参照）。

2 吉野作造と吉野信次

——井上ひさし作「兄おとうと」によせて——

本年（二〇一四年）は、私が中央公論社主宰の第九回吉野作造賞を受賞してからちょうど四〇年になる。私の近辺では、同賞にゆかりのある二人の方々が本年忽然と世を去った。一人は、第一回受賞者の国際政治学者坂本義和先生であり、もう一人は受賞当時の雑誌『中央公論』編集長粕谷一希氏である。私はお二人の通夜の席にはいずれにも参じ、お二人との四〇年もしくはそれを超える年月の交流を偲んだ。吉野作造賞の提案者といわれる粕谷氏については、季刊誌『環』（二〇一四年一〇月、藤原書店）に「媒介者としての編集者」という追悼の一文を寄せた（本書II-16）。また学生として「国際政治」の講義を聴講した坂本先生については、かつて先生の名著『国際政治と保守思想』をめぐって、「国際政治の動因としての価値観」という一文を草したことがある（拙著『学問は現実にいかに関わるか』東京大学出版会、二〇一三年所収。また本書II-10を参照）。

お二人の間には晩年にいたるまで戦後日本外交論やその論者の評価をめぐって、確執にまで及ぶ対立があった。お二人にはもちろんそれぞれ独自の吉野作造像があった。お二人の違いは、それぞれの吉野作造像の違いでもあった。翻って考えれば、お二人は吉野作造のもっていた二面性——貴族性と大衆性、あるいは国際性と国家性――をそれぞれその一面において顕著に体現していたと思われる。

こうした観点から、改めて吉野作造と吉野信次、「兄おとうと」の関係を時代的背景に照らして考えてみたい。まず吉野作造の貴族性は、その民本主義思想の根本的意味を考える上で極めて重要であると考える。その貴族性とは精神的貴族性であり、民本主義が目的価値とする個人の尊厳と結びついている。すなわち個人の尊厳を現実のものとするのは、具体的な個人の強烈な内面からの矜持であり、それが吉野の貴族性なのである。しかもそれは世俗的権威に由来するものではなく、神に由来する宗教的根拠（吉野の場合は基督教的根拠）をもつものであった。

しかし吉野の精神的貴族性は、例外的な個人や特定の宗教信徒の内面に止まることに満足しない。吉野の民本主義は精神的貴族性が普遍化することを求める。すなわち吉野の貴族性は大衆性と結びつくことを志向する。少数者に典型的に表れる精神的貴族性を広く多数者に浸透させるのが民本主義の目標なのである。吉野は、このような少数と多数との関係について、一九一六（大正五）年一月の『中央公論』掲載の民本主義の本質（すなわち「憲政の本義」）を説いた有名な論文「憲政の本義を説いて其有終の美を済すの途を論ず」において次のように書いている。

「多数と少数との相倚り相待つ事の密接なる国が、最も健全に発達するのである。……二者相待つて初めて憲政は完全なる発達を見る事が出来るのである。此関係を政治的に見れば、多数の意嚮が国家を支配するのであるけれども、之を精神的に見れば、少数の賢者が国を指導するのである。故に民本主義であると共に、又貴族主義であるとも言へる。平民政治であると共に、一面又英雄政治であるとも言へる。即ち政治的民本主義は精神的英雄主義と渾然相融和するところに憲政の花は見事に咲き誇るのである。」

ちなみに、内村鑑三は「平民政治」と「多数政治」とを峻別し、「平民政治」の主体としての「平民」を「人たるの品性を具へ、位階と勲章とに依ずして高貴なる人」と性格づけた(「余の学びし政治書」一九〇〇年)。その具体的なイメージとして念頭にあったのは、オリヴァー・クロムウェルである。つまり内村は「平民政治」の主体を、もっぱら精神的貴族性を担う少数者に限定している。吉野のように貴族性と大衆性とを結びつけようとする志向は、内村には見られない。大衆性をもつ基督教の伝道者海老名弾正を信仰上の師とした吉野との政治観の違いが顕著である。

なお戦後日本における吉野の思想的後継者というべき丸山眞男が一九五九(昭和三四)年の論説(「『である』ことと『する』こと」)において、「現代日本の知的世界に切実に不足し、もっとも要求されるのは、ラディカル(根底的)な精神的貴族主義がラディカルな民主主義と内面的に結びつくことではないか」と提言したのは、第一次世界大戦中の吉野の論説から半世紀以上を隔てた同時代の日本に対して、はからずも丸山が吉野と同じ洞察を示したというべきであろう。

以上に指摘したような「兄」吉野作造の大衆性と結びついた貴族性に対して、「おとうと」吉野信次もまた相応の貴族性を有していた。それは「兄」の精神的貴族性に対して、一種の身分的貴族性というべきものであった。それは明治憲法秩序の中に確固たる位置を与えられた官僚身分に由来する貴族性であった。それが強固な国家性と結びついていたことはいうまでもない。

しかしそのことは「おとうと」の身分的貴族性が必ずしも国際性と無縁であったことを意味しない。第一次世界大戦勃発の前年、一九一三年に大学を卒業し、日本経済の発展を促進することを目指して農商務省に入省した「おとうと」は、第一次世界大戦とその戦後がもたらした日本の政治経済の国際化および民主化の波に洗われた。「兄」はいうまでもなく、その波を先導する運動のリーダーであった。

一九一八年の戦争終結と相前後して、外交路線を一変し、対米協調と対中国政策の転換を掲げ、史上初めて衆議院議員を首相とする原内閣が成立した翌々年、一九二〇年に中国における金融・外交上の国際協調体制を確立するための米英仏日四国借款団協定を成立させるためにウォール・ストリートの指導的投資銀行モルガン商会の代表者トーマス・W・ラモントが米国国務省の意向を受けて来日した。当時吉野作造もまた、四国借款団協定の成立を支持していた。ラモントと直接の交渉に当たったのは日銀総裁井上準之助であった。この来日以後ラモントは井上と深い政治的信頼関係に基づく親交を結び、ラモント―井上ルートは米国資本流入の幹線ルートとなったのみならず、日米協調の重要な基軸となった。

当時ラモントは日米関係の将来を考え、井上に代表される日本の「リベラル」(「ラディカル」と区別され、米国におけるラモント自身のような穏健派に相当する)との提携が米国にとって必要であるという結論を得るにいたった(三谷太一郎「日本の国際金融家と国際政治――高橋是清・井上準之助と国際金融資本――」『ウォール・ストリートと極東――政治における国際金融資本――』東京大学出版会、二〇〇九年所収を参照)。そこで在日中、井上に対して若い世代の日本の「リベラル」との会見を希望した。そして井上が選定した何人かの一人が吉野信次であったのである。当時吉野信次は将来の日米提携を担う若い世代の日本の「リベラル」と目されていたのである。

その後の吉野信次は、農商務省が農林省と商工省とに分離した後は商工省に転じ、その中で順調に累進した。満州事変が起きた年、一九三一年には商工次官に昇進し、その六年後には第一次近衛内閣に商工大臣として入閣した。政党内閣崩壊後は事務次官出身者の入閣の事例が増え、吉野信次や大蔵次官から大蔵大臣として吉野と共に入閣した賀屋興宣《かやおきのり》はまさにそれに該当する事例であった。賀屋と吉野とは日中戦争勃発に先駆けて、軍部の要求する軍備拡張のための輸入拡大・設備投資を推進しながら、国際収支の悪化を防ぐために物資と資金の流れを政府の直接統制の下に置くことを明らかにした賀屋・吉野三原則、すなわち「生産力の拡充、国際収支の適合、物資需給の調整」という戦時統制経済の基本方針を示したのである。それはかつて井上準之助が吉野信次に期待した経済的自由主義を前提とする日米提携の媒介者的役割をもはや許容しない戦時体制への適応であった。

他方井上準之助は満州事変勃発当時、若槻民政党内閣の大蔵大臣として金為替本位制を基軸とする国際金融システムを危機に陥れた現地軍の軍事行動を容認せず、軍中央の了解を前提として提案された新政権構想と真っ向から対決した。その判断は極めて明確であった。「昨今唱へらるゝ所謂挙国一致内閣或は政民連立内閣は何れも軍部を掣肘《せいちゅう》し統制せむとする強力なるものには非ずして、寧ろ軍部に媚むとするものなれば、国家の前途を思ふては到底賛することを得ず、此上軍部をして国際関係を無視して其の計画を進むるが如きことあるに於ては国家は滅亡に瀕すべし」(『木戸幸一日記』一九三一年一一月一七日)。

歴史に照らして、井上の判断が正しかったことはいうまでもない。井上の貴族性は吉野作造のような学者的貴族性ではなかったが、吉野信次のような官僚身分に由来する貴族性とは異なるものであり、政治家としての信念に基づく大衆性と結びついた貴族性であったというべきであろう。その貴族性が翌年二月に起きた野党のリーダーとしての井上に対する右翼テロを誘発したのである。

私は二〇一四年六月一四日多磨霊園の吉野作造の墓に詣でた。その墓は吉野信次の墓と隣り合っていた。私は「兄おとうと」の墓に共に香華を手向けた。また八月一七日には井上ひさし作「兄おとうと」の上演を新宿の紀伊國屋サザンシアターで観た。吉野信次夫人君代役の台詞に吉野信次の「お気に入りの部下」として「岸信介」や「木戸幸一」が出てくるのには驚かされた。作者の歴史感覚の鋭さをそれに感じた。私は半世紀以上も前、『木戸幸一日記』の編纂・校訂に当たり、大磯の木戸邸に岡義武先生や丸山眞男先生らと共に招かれたことを思い出した。木戸幸一もまた、京大学生当時、河上肇らの学者に親近感をもった「リベラル」であった。さらに戦後吉野信次が第三次鳩山（一郎）内閣の運輸大臣として復活した当時、岸信介が自民党幹事長であったことをも思い出した。

3　歴史としての戦争と記憶としての戦争

私にとっての記憶としての戦争は、まさに六四年前（一九四一年）の一二月八日に始まる。当時五歳だった私は、その日の朝祖母と共に東京に向かう東海道本線の寝台車に居た。ちょうどその時、車内放送が米英両国に対する開戦を告げたのである。もちろん当時の私には放送の内容は理解できなかったが、祖母がそれを説明してくれたのである。私にとって意外だったのは、開戦の事実よりも、それに対して祖母が示した深い憂色だった。「大変なことになった。日本はこれからどうなるのだろう」といったようなことをつぶやいたのが記憶に残っている。車内もまた、異常に静まりかえっていた。振り返ってみると、これが自分および自分の家族以外の世界を認識した私の最初の体験だったように思われる。

それ以後の私の「記憶としての戦争」は、私の生涯のどの時期の記憶よりも深く刻印されている。あの戦争は大人と子供とを無差別に巻きこみ、平時には存在する大人と子供との区別を抹消した。子供にもまた戦争以外の運命は与えられず、子供は大人と等しく戦争要員であった。子供にとっても戦争が生活そのものであったのであり、それ以外の関心事はなかったといってよい。後年ドイツ降伏後ド・ゴールが解放軍司令官としてパリに入城し、シャンゼリゼを行進する場面を実写したフィルムを観たことがあるが、その中に多くの子供が沿道で大人に混じって泣きながら、これを迎えている光景があり、胸を突かれたことがある。あの時代のパリの子供たちもまた、同時代の日本の子供たちと同じように戦争を、というよりも戦争のみを生きていたのであろう。

戦火が直接に私の身辺に及んだのは、私が在住していた岡山市に対する昭和二〇（一九四五）年六月二九日未明の米軍機B29約七〇機による数時間に及んだ空爆である。それに先立って、当時国民学校三年生だった私に戦局の最終局面（私はそれを明確に認識するのを恐れていた）が近づいているのを感じさせたのは、沖縄の失陥だった。私は米軍が沖縄本島に上陸した日のことを鮮明に記憶している。昭和二〇年四月一日の夕方近く、家の玄関前の中庭で近所の子供の一人と遊んでいた時、家の中のラジオから流れるニュースが何事かを伝えた。その時一瞬にして一緒に遊んでいた子供の顔色が変わった。「お父ちゃんの居るところじゃ。お母ちゃんに知らせにゃ」といって、風のように去った。六〇年経った今も、あの日の光景を忘れることができない。私は、それまで日本に「沖縄」という県が存在することを知らなかった。したがって米軍の沖縄上陸を伝えたニュースの重大性も、そのこと自体によってではなく、そこに駐屯していた兵士を父に持つ子供の全身を震わせるような反応によって、初めて知ったのである。その子の父が沖縄で戦死したのを知ったのは、戦後であった。

岡山市が焼夷弾による空襲にさらされたのは、沖縄の日本軍守備隊が壊滅した六日後である。六月に入って、米軍の本土上陸作戦の開始が近いとの観測が明らかにされ、これに対応する体制の準備が進んだ。国家総動員法を強化した戦時緊急措置法の成立によって、空前の委任立法権が内閣や全国九ブロックに設置された地方総監府に付与され、さらに義勇兵役法成立によって、性別・年齢を超えた国民義勇戦闘隊の編成が進んだ。国民学校も軍隊化された。いくつかの学校群が「大隊」を構成し、各校は「中隊」と位置づけられ、各学級は「小隊」と名づけられた。私の所属は、「第一大隊第二中隊木山（担任の女性教諭の姓）小隊」であった。私はもう一人の児童と共に「副小隊長」を命じられた。岡山市の上空にB29の大編隊が飛来した日の六月二九日付の『朝日新聞』には、安倍源基内相の「本土はもう戦場化してゐるといつてもいい」との談話が載せられている。

空襲は、防空演習の予想や予測をはるかに超えるものであった。未明に異変を知った一家七人は、市街の中心にあった家を脱し、寸土も見逃さない絨毯《じゅうたん》爆撃によって燃えさかる街路を潜り抜け、辛うじて郊外の農村に逃れた。東京での二度の空襲を経て、この日岡山市で三度目の空襲に遭遇した永井荷風は、その日記に「九死に一生を得たり」と記しているが、それは当日の私の実感にそのまま合致する。民家に襲いかかるB29の黒い機影は、民家の屋根をすれすれに飛び、爆撃目標を誤ることはないように感じられた。この空襲で、「木山小隊」の児童の約半数が亡くなった。もう一人の「副小隊長」とは再び会うことはなかった。

ヴェトナム戦争を主導した米国国防長官ロバート・マクナマラは、対日戦争当時、マリアナ諸島の空軍基地を本拠とする第二〇航空団所属将校として、司令官ルメイの命を受けて日本本土諸都市への空爆の破壊効果を飛躍的に増大する低空爆撃を提案したが、それが実行に移されたのが、昭和二〇年三月一〇日以降の日本全土にわたる（もちろん岡山市を含めた）諸都市への空爆であった。昨年（二〇〇四年）

日本でも公開されたドキュメンタリー映画『戦争の霧』（*The Fog of War*）において、一夜にして一〇万を超える生命を奪った三月一〇日の東京空襲について、マクナマラは、それを提案した自らの「戦争責任」を認めている。

英国の歴史家Ａ・Ｊ・Ｐ・テーラーは、ウィンストン・チャーチルがナチス打倒のために、五〇万を超えるドイツ国民の生命を犠牲にしながら強行したドイツ本土への重爆撃機による「戦略爆撃」について、「戦時においては何もしないよりは、間違ったことをした方がよいという格率の顕著な例示」とした。最終的にはチャーチルは自らが行ったことを恥じるようになり、アーサー・ハリス爆撃隊司令官と対立するが、テーラーは「チャーチルは無差別爆撃とそれに伴う全面的な道義の頽廃《たいはい》に対する責任を免れることはできなかった」と論断している（A. J. P. Taylor, "Daddy, What was Winston Churchill?," in *Essays in English History*）。マクナマラ、チャーチル両者の事例は、勝敗の如何に関係なく「戦争責任」は存在し、それが戦争指導者を終生苛《さいな》むものであることを示している。

空爆によって家を失った私の一家は、父の出身の農村に移り住み、そこで敗戦を迎えた。八月一五日の記憶はもちろん鮮明であるが、とくに忘れることができないのは、その日の新聞に載った大日本政治会総裁南次郎大将の敗戦を語った談話である。当時の私にはもちろん南次郎についての知識はほとんどなかったが、「南次郎」という名前ははっきり覚えている。南談話の中で、私を刺激したのは、敗戦の原因として、「国民の戦争努力の不足」を挙げた点であった。自分自身でも意外であったのは、当時の私はこの談話に心の底から憤激した。私は生まれて初めて、日本のリーダーの責任感の欠如に対して根本的な不信感を持った。振り返ってみると、これが戦後への私の態度を決定する最初の要因であったと思う。そしてそれが記憶としての戦争を歴史としての戦争に結びつける媒介契機となったと思う。

4　戦後七〇年の八月を迎えて

七〇年前（一九四五年）の八月、私は今の小学校に相当する国民学校の三年生でした。この年の六月二九日未明に私が住んでいた岡山市は米軍機による激しい空爆にさらされ、全市は焼け跡と化しました。家を失った私たち一家は父の出身地の農村に逃れ、そこで敗戦を迎えました。当時の日本の農村にはラジオ受信機を持っている農家は少なく、そのうちの一軒に近所の住民が村役場の指示に従って八月一五日の正午に集まりました。そこでポツダム宣言の受諾を告げる昭和天皇のいわゆる「玉音放送」を聴いたのです。当時昭和天皇が読み上げたポツダム宣言受諾の文書（「終戦の詔書」）の正本と天皇の肉声を録音した原盤が七〇年後の今年（二〇一五年）初めて公開されたことは周知の通りです。七〇年前の夏も暑い夏でした。夏を盛りとしてたわわに咲く赤い百日紅《サルスベリ》の花があの年も同じように咲いていたのが瞼の底に残っています。

戦争を終わらせたポツダム宣言の草案を書いたのは、当時のアメリカ国務省の二人の日本専門家でした。その一人は、日米開戦を東京の米国大使館参事官として迎え、七ヵ月間の幽閉生活を経て交換船で帰国したユージン・ドゥーマン（Eugene H. Dooman, 一八九〇〜一九六九）です。ドゥーマンは一九四三年四月以後、国務長官特別補佐官として、日本の敗戦にいたるまで、戦後を想定した対日政策の立案に従事しました。もう一人は、開戦前夜の首都ワシントンにあって、極東部次長としてコーデル・ハル（Cordell Hull）国務長官を補佐し、日本側との交渉に臨んだジョセフ・バランタイン（Joseph W. Ballantine, 一八八八〜一九七三）です。開戦後バランタインは一九四三年六月極東部長となり、一九四四年一二月には戦争中に新設された極東局長に任じられ、ドゥーマンと同じく戦後対日政策の立案に深く関わりました。欧米諸国が日本専門家の養成に乗り出したのは、日露戦争以後のことでありますが、両者は明治末年に相前後して来日し、日本において厳しい語学訓練その他の現地研修を積んだ後、長期にわたって外交官として日本に勤務しました。

彼らが戦後対日政策の基本方針としたのは、次の二つです。それらはポツダム宣言にも明示的あるいは黙示的に貫かれています。その一つは満州事変前の政党政治の下にあった日本、すなわち一九二〇年代の日本の復活強化です。この時代の日本は軍縮の時代の日本でした。したがって非軍事化を前提とする民主的な戦後日本の歴史的先例を求めるとすると、一九二〇年代の日本はそれに最もふさわしかったのです。もう一つは立憲君主制としての天皇制の維持です。バランタインは少なくとも戦後の対日占領政策の遂行にとって、天皇は必要不可欠であると考えていました。天皇を保持することによって、連合国最高司令官はあたかも「征夷大将軍」として日本人に受け入れられるというのがバランタインの歴史観から出た結論でした。

これに対して、ドゥーマンは予想される戦後日本の共産主義化に対抗する組織的求心力として天皇制を評価しました。後に述べるように、ジョセフ・グルー（Joseph C. Grew）元駐日大使やドゥーマンが戦争末期に日本に早期降伏を受け入れさせる条件として天皇制の維持を日本に対して明らかにすることを試みたのも、一つには天皇制を共産主義への防壁として意識していたからだと考えます。

一九四五年に入って、四月一日には沖縄戦が始まり、その翌月の五月七日にはドイツ軍が降伏し、日本本土に対する米軍の包囲網が狭まるとともに、米国は一方で日本本土上陸作戦の開始を一一月一日に設定します。そして他方でそれ以外の方法による戦争の早期終結を模索します。厖大な犠牲者が予想される本土上陸作戦は、何とかして避けたかったのです。そこで国務省における対日政策担当グループの総帥であったグルー国務次官（当時国務長官代行）は、フランクリン・ローズヴェルト（Franklin D. Roosevelt）大統領を継いで副大統領から大統領になって日の浅いハリー・トルーマン（Harry S. Truman）に対して、日本の降伏条件を提示する大統領の対日声明を発するよう勧告するのであります。

既に一九四三年一二月一日の米英中三国首脳によるカイロ宣言において、戦争終結の唯一の場合として「枢軸国の無条件降伏」が合意されていましたが、日本国の「無条件降伏」が具体的に何を意味するのかを明らかにするのが大統領声明の目的であったのです。

一九四五年五月二五日に東京は大規模な空襲を受け、都内の過半が焼失しました。その時機を選んで五月二六日にグルー国務次官はドゥーマンに対し、大統領声明案を至急に起草するよう指示します。グルーがそのタイミングで動いたのは、五月二五日の東京大空襲によって引き起こされたと推定される日本側の心理的動揺が収まらないうちに、声明を発するのが効果的であると考えたからであります。そしてその声明を五月三〇日の米国の戦没者記念日（Memorial Day）に発表することが望ましいと考えていました。

ドゥーマンは五月二八日朝書き上げた案をグルーに渡しました。その中には戦後の日本の政治体制として「現在の皇室の下における立憲君主制を含みうる」という文言がありました。

グルーは直接大統領に声明案の必要を訴えました。これに対して、大統領は声明案の趣旨に賛意を表し、軍部当局者が受け入れるならば、五月三〇日の戦没者記念日にこれを公表してもよいという意向を示しました。

翌日の五月二九日に陸軍長官、海軍長官、戦争情報局長ら軍関係の文官と陸軍参謀総長以下の一〇人内外の武官が出席して声明案の検討が行われました。この席でジョージ・マーシャル（George C. Marshall）陸軍参謀総長は声明案の内容には賛意を表しながら、戦没者記念日にこれを公表することは時期尚早であるとの判断を示し、大統領声明案は棚上げされることとなったのです。

当時進行中の原爆開発計画は完成を目前にしていました。大統領声明案が棚上げされたのも、原爆投下の準備を整える時間を確保する意図が働いていたからです。その直後、五月三一日から六月一日にかけて開かれた原爆開発とその使用を検討する大統領直属の諮問委員会において原爆投下を大統領に勧告する決定が行われました。

棚上げされた大統領声明案は七月のポツダム会談準備の過程で再び取り上げられ、降伏条件を明示する対日声明の必要が再認識された結果、それが実質的にポツダム宣言原案となりました。

しかしこの原案の「立憲君主制としての天皇制」を日本に対して保障する最重要部分は、ポツダム宣言の最終版からは削除されることとなったのです。そのことが日本側のポツダム宣言受諾を遅らせ、米国側が戦争終結のための最終カードとして用意した原爆投下を実行させたと見ることができます。

こうして作成されたポツダム宣言を日本は七〇年前に受諾し、それが戦後日本の出発点となりました。日本国憲法の平和主義、民主主義、そして象徴天皇制はポツダム宣言がその母胎です。去る八月一四日に発表された内閣総理大臣談話では、ポツダム宣言についてはその歴史的重要性にもかかわらず、一切触れられていません。首相談話の中で、「戦後レジーム」の原型であるポツダム宣言をどう意味づけるかは、「戦後レジーム」に否定的である首相の歴史認識の重要部分になるべきであったと考えます。

5 私の「戦後民主主義」

日本の歴史上の民主主義は、すべて戦後民主主義であったといっても言い過ぎではない。維新以後一〇年間の日本は、革命戦争としての戊辰戦争がもたらした「戦後民主主義」を経験した。革命戦争の勝者が組織した革命政権としての維新政府は、旧体制から区別される政治的正当性を維新のスローガンの一つであった「公議輿論《こうぎよろん》」に求めたのであり、その場合の「公議輿論」は単なる名分ではなく、それなりの実質をもつものでなければならなかったのである。したがって維新政府にとって「公議輿論」にある程度の実質を与える「戦後民主主義」は、権力の安定化のための必要条件ですらあった。戊辰戦争後の「公議輿論」を先導した同時代のオピニオン・リーダー福沢諭吉が一八七五（明治八）年に出版された『文明論之概略』（巻之一、第二章）において提示した「政統（政治的正当性―三谷注）の変革は戦争に由《より》て成るもの多し」という命題は、同時代のみならず、時代を超えて通ずる一般的妥当性をもっているように思われる。

その後の時代について見ても、明治一〇年代の自由民権運動は、西南戦争に極まる一連の士族反乱が惹き起こした内戦の「戦後民主主義」の波頭であったし、日清戦争後の大隈・板垣連立内閣の出現（一八九八年）や立憲政友会設立（一九〇〇年）にいたる政党勢力の権力中枢への進出は、日清戦争の「戦後民主主義」がもたらした権力形態の変化であった。

さらに時代が下って登場した「戦後民主主義」はいわゆる「大正デモクラシー」であった。「大正デモクラシー」はいわば複合的な「戦後民主主義」であった。すなわちそれは一方で日露戦争がもたらした「戦後民主主義」であった。日露戦争の戦費を調達するために戦時の桂内閣が行った非常特別税法による増税が選挙法改正によることなく、選挙権者（国税一〇円以上の納税者）の倍増を結果した。それは意図されることなく生じた、戦争を媒介とする政治的底辺の自然拡大であった。それが日露戦争の「戦後民主主義」としての「大正デモクラシー」の出発点であった。

他方で「大正デモクラシー」は日本が経験したもう一つの戦争である第一次世界大戦の「戦後民主主義」でもあった。つまり「大正デモクラシー」は二重の「戦後民主主義」であった。後者の意味の「大正デモクラシー」は総合雑誌や新聞を中心とする当時の先進的メディアや整備された全国的鉄道網などのコミュニケーション手段の発展に支えられたさまざまの政治運動を頻発させ、一九一八（大正七）年には歴史上はじめて選挙によって選ばれた衆議院議員を首相とする政党内閣を成立させた。また一九二四年には歴史上はじめて衆議院総選挙の結果が政権交代をもたらした実例をつくった。

「大正デモクラシー」という「戦後民主主義」においては、「民主主義」はしばしば「デモクラシー」という英語で呼ばれたが、それはイギリス英語その他を含めた英語一般というよりもアメリカ英語であり、それは第一次世界大戦以後の世界的な政治的経済的および文化的なアメリカ化を反映していた。その意味で「大正デモクラシー」は決して日本だけに限定されたローカルな現象ではなかったのである（三谷太一郎「大正デモクラシーとアメリカ」『大正デモクラシー論——吉野作造の時代——』第三版、東京大学出版会、二〇一三年所収を参照）。

最後に来るのが、今日の「戦後民主主義」である。それは一九四一年一二月八日の太平洋戦争勃発の日の早朝、祖母と共に岡山から東京に向かう東海道本線の寝台車の車内放送で開戦を知った当時満五歳の私の三年八ヵ月に及ぶ戦争体験と不可分である。太平洋戦争のような全体戦争は、男女差や年齢差を極小化し、女性や子供や老齢者をも戦争要員とした。そのような全体戦争の強制的平準化に伴う弱者の犠牲がその代価として「戦後民主主義」を必然化したのである。それが私の「戦後民主主義」に他ならない。

私の「戦後民主主義」がそれに先立つさまざまの歴史上の「戦後民主主義」と異なるのは、それが単に権力形態の民主化や民主的政治運動の勃興のような外面的な政治史的事実として現れるだけではなく、個人の行動を律する道徳原理として内面化されているという点にある。いいかえれば、私の「戦後民主主義」は私の「個人主義」と深く結びついているという点で、それに先立つ歴史上の「戦後民主主義」とは異なる独自性をもっている。

今から一〇〇年以上前の第一次世界大戦中、夏目漱石は「私の個人主義」（一九一四年一一月）と題して一場の講演を行った。その中で漱石は作家として立つ前の学者人生を回顧し、日本人が英文学を研究することの意味を求めて、「文学」の一般概念を確立しようと試みた当時の自らの立場を「自己本位」

と呼び、それがその後の人生を貫く「個人主義」の原点となったと説明している。この意味の生活信条としての「個人主義」が戦後七〇年の今日を生きている日本人の間で広く共有され、それがこれまでで最長の「戦後民主主義」の持続性を保障していると私は考える。

しかし反面で「戦後民主主義」は決して「個人主義」に還元されるものではない。それは政治社会の組織原理であって、「個人主義」を超えるものである。そのことは、民主主義そのものが本来権力の一つの形態であることに由来している。「人民の支配」もまた権力である。「人民の支配」が具体的に何を意味するかは歴史的現実に即して永続的に問われ、批判されなければならない。丸山眞男が提起した「永久革命」としての民主主義の意味はそこにある。

以上に述べたように、日本の歴史上の民主主義は、いずれも「戦後民主主義」であった。すなわち戦争がもたらした民主主義であった。そのことは、戦争に何らかの価値を付与することを意味しない。今日の「戦後民主主義」の最大の課題は、それを歴史上最後の「戦後民主主義」とすることである。

あとがき

著者にとって、本書は『学問は現実にいかに関わるか』(東京大学出版会、二〇一三年)および『人は時代といかに向き合うか』(同上、二〇一四年)に続く第三の小品集である。題名にあるように、本書は「戦後民主主義」と呼ばれ、今や急速に過去となりつつある「戦後」という特定の時代の価値観に焦点を置きながら、それが経つつある変化とそれが置かれた歴史的文脈をなるべく広く設定し、その素描を試みたささやかな文集といえよう。

本書Ⅲの「戦争と戦後を生きる」に収められた文章群の中のいくつかのものからも明らかなように、著者のいう「戦後」や「戦後民主主義」は、必ずしも第二次世界大戦や太平洋戦争の「戦後」(「敗戦後」)のような特定の「戦後」には限定されない。末尾の一文、「私の『戦後民主主義』」に書いたように、歴史上の日本の民主主義は、すべて何らかの「戦後民主主義」であったというのが著者の見解である。将来の日本の「民主主義」は、「戦後」という特殊な歴史的条件に拘束されない普遍的な「民主主義」であるべきだというのが本書の提示する課題なのである。

したがって著者は今日の「戦後民主主義」が忘却の淵に沈みつつあることを一概に悲観してはいない。

そのことは、今日の「戦後民主主義」がその特殊歴史性を脱して、より理念的な「民主主義」に移行する可能性を含んでいるからである。その意味では、本書の志向はむしろ「脱戦後」である。

かつて『武士道』の著者新渡戸稲造は、欧米のキリスト教道徳に匹敵する日本固有の道徳の精華として「武士道」を顕彰し、「悲しむべしその十分の成熟を待たずして、今や武士道の日は暮れつつある」と慨嘆したが、新渡戸はそこで思考を停止せず、「武士道」という滅びゆく貴族の階級道徳がより普遍的な市民道徳、すなわち「平民道」(生活様式としての「デモクラシー」)として再生する可能性を示唆した。そのような新渡戸の洞察はもちろん厳しい現実の試練と紆余曲折を経て、ともかく同時代の第一次世界大戦後の「戦後民主主義」(「大正デモクラシー」)および新渡戸自身は体験することのなかった太平洋戦争後の「戦後民主主義」の現実によって実証されることになったといえよう。「脱武士道」は歴史的には「平民道」に結びついたのである。

しかし今日の「脱戦後」が紆余曲折を経つつも、「脱武士道」と同じような歴史の経路をたどり、より普遍的な「平民道」に逢着するとは限らない。問題は「脱戦後」が「脱非戦」となり、「脱平和」となる危険である。著者は何よりも「脱戦後」が「新しい戦前」に帰着することを危惧する。それを直截に表明したのがI-1の論文「政治社会の変化と集団的自衛権の問題」である。「脱戦後」は結果によっては「戦後民主主義」のみならず、「民主主義」そのもの、すなわち「民主主義」を成り立たせている基本合意(J-J・ルソーのいう「一般意思」)を破壊しかねない。民主主義の存立の前提条件は、自発的な規範への忠誠の確保と暴力への依存度を最小化する平和の条件を確立することであり、もしそれらの前提条件が脆弱化すれば、政治社会は無秩序化の危機に直面する。
秩序か無秩序かの二者択一の窮地に追いこまれた政治社会にとって、唯一の選択肢はさまざまな意匠を凝らした独裁であろう。独裁は民主主義の反意語である。

平和が民主主義の前提条件であるとすれば、もちろん戦争と民主主義とは両立しない。「戦後民主主義」はありえても、「戦争民主主義」はありえない。戦争がもたらすさまざまの分野の平準化・均一化は民主主義に対立する独裁によってもたらされる。民主主義は戦争目的にとって合理的効率的な手段とはなりえない。戦争はひたすら独裁への道である。そのことは本論文が特に取り上げている朝鮮戦争への中国の軍事介入として現れた中ソ友好同盟相互援助条約に基づく集団的自衛権の行使がもたらした政治的結果に明らかである。すなわちそれは「プロレタリアート独裁」として正当化された毛沢東体制の確立であった。

論文I―1において指摘したように、今日の日本においては政権とそれに対抗する市民との両側に政治的疎外感があり、日本の政治社会には亀裂が生じている。集団的自衛権の問題は単なる「安全保障」の観点からだけではなく、政治社会の亀裂の修復という観点からも考える必要がある。もし集団的自衛権を容認した趨勢がさらに進み、近い将来、憲法第九条第二項改正が国民投票に付されるような事態になれば、日本の政治社会の亀裂は決定的となるであろう。この問題を考える際、三八年前に書いた一文「政治社会の没落」（『世界』一九七八年一〇月号所載、『二つの戦後――権力と知識人――』筑摩書房、一九八八年所収において追補、『人は時代といかに向き合うか』前掲所収）を出発点とした。

以上に述べたように、著者は日本の歴史上のさまざまな「戦後民主主義」の変化を、政治社会の変化を通して追跡してきた。第一次世界大戦後の新しい国際政治の出現とそれに伴う政治社会の国際化に対する政治哲学的な学問的対応をとり上げたのがⅠ–2論文「南原繁と国際政治――学問的立場と現実的立場――」である。またⅠ–3論文「岡義武とドイツ・デモクラシーへの問題関心」は、「大正デモクラシー」という「戦後民主主義」を生きた日本の一政治史家が母国の「戦後民主主義」の将来と同時代のドイツの「戦後民主主義」、すなわち「ワイマール・デモクラシー」のそれとを重ね合わせながら、後者とその歴史的背景を探究した学問的成果の意味を明らかにしようとしたものである。

Ⅰ–4論文「福沢諭吉と丸山眞男――日本近代の先導者と批判者――」は、日中戦争および太平洋戦争を生きた丸山が日清戦争を生きた福沢の強い影響を受けながら、福沢が先導した日本近代に対する批判的立場を強めていった過程を描いている。維新による日本の政治社会の変化に伴う福沢の価値観の変化を、敗戦による日本の政治社会の変化に伴う丸山のそれとの対比において描いており、戊辰戦争後の「戦後民主主義」に対する福沢の対応と太平洋戦争後の「戦後民主主義」に対する丸山の対応の共通性を指摘している。Ⅰ–5論文およびⅠ–6論文はそれぞれ、前者は幕末日本における議会制を生み出した政治社会の変化、後者は政党政治の確立という観点から英米のそれとの比較において「大正デモクラシー」期における政治社会の変化を描いている。要するに日本の近代史上のさまざまな「戦後民主主義」を政治社会の変化を通して分析したのが、本書Ⅰの「政治社会を生きる」に収められた六論文であるといえよう。

著者は「戦後民主主義」の考察において、以上に述べたような政治社会(political community)の考察と同時に、それとは次元の異なる「知的共同体」(intellectual community)の動向を視野に入れてきた。両者の不可分性を認識することが政治社会とその変化を把握するために重要だと考えるからである。いいかえれば、政治社会を成り立たせる公共性の観念は、真に自発的な「知的共同体」によってのみ培養されると考えるからである。

もちろん両者は相互に自立的であるが、その一方は他方なくしては存立しえない。新しい政治社会を準備するのは、実は「知的共同体」なのである。また「知的共同体」は政治社会の変化とともに甦るのである。両者の相互依存性は、政治史的事実として検証されているというのが政治史家としての著者の確信である。

そこで「戦後民主主義」を支えた「知的共同体」がどのようなものであったかを著者の経験に照らして、具体的に例示したのが本書Ⅱの「知的共同体を生きる」に登場する知識人たちである。それらの人々の政治的立場はさまざまであるが、著者は、それぞれの人々と知的コミュニケーションを通して相互に「知的共同体」を形成し、その中で大きな知的影響を受けた。これらの人々は、いずれも著者にとってはかけがえのない亡師亡友である。

中国文学者吉川幸次郎の名著『漢文の話』(ちくま学芸文庫、二〇〇六年)の中に、中国の唐宋以後の歴史叙述の重要な範疇として、公的な歴史書の「列伝」とは区別される「私的な記録としての、伝記文」が紹介されている。その多くは「墓誌銘」の形をとった「碑誌伝状」の文といわれるものがそれである。

吉川によれば、それは「個人の事蹟を記述しつつも、それによってひろく人間の問題を説こうとする態度が、一そう顕著である。一そうというのは、『史記』以来の歴史書の『列伝』が、すでにそうであろうとする傾斜をもつからであるが、『碑誌伝状』の『古文』は一そうその機会に富む」(同上、二四〇頁)。

吉川は「現代における継承」として、吉川の先師で京大支那学の代表者であった狩野直喜が元首相近衛文麿のために書いた墓誌の全文を紹介している。ちなみにその墓誌には次の一文が含まれている。「軍部三国同盟を唱え、久しくして未まだ決せず。公出でて盟成る。公謂う、已に独伊と盟す、宜しく蘇を加えて四と為すべし。凡そ戦の起こるは、勢力の均衡ならざるに由る。苟くも此くの如くば、米必ず師を出だして英を助けず、又た以って我が交渉に便するに足ると」。

この部分ははからずも、本書I-1論文に指摘した「抑止力」としての軍事同盟の論理を表現したものであり、近衛はそれに自己と国家の運命を賭したのである。

なお吉川は狩野が書いた近衛のための墓誌について、「この文章、必ずしも先生の代表作というわけでない。しかしいわゆる『事に拠って直ちに書す』、客観的な事実をそのまま書きながら、感情を裏に託すという中国の『碑誌伝状』の伝統手法によって、書かれている」という注釈を加えている。それにしても、狩野はこの墓誌にいかなる「感情」を託したのであろうか。

狩野は西田幾多郎や佐々木惣一らと同様に、京都帝国大学法科大学出身の近衛と交遊があったが、狩野が近衛の墓誌を書いたのは、近衛の女婿細川護貞が狩野に師事していたからではないかと思われる。

それはともかく、本書II「知的共同体を生きる」に集められた二〇の文章は、期せずして著者による

「碑誌伝状」の文となっていると思う。

本年九月末に満八〇歳（いわゆる「傘寿」）を迎える著者は、この機会に私家版のささやかな文集を製作し、これまで著者の学問人生を支えてくださった方々に感謝の印として贈呈することを考え、その可能性を東京大学出版会編集部の奥田修一氏に諮ったことがあった。ところが奥田氏は思いがけないことに、それとは別の新著の計画を作ってくださり、それを著者に逆提案された。その結果が本書である。果たして本書が公刊に値する内容をもっているかどうかには確信はないが、あえて奥田氏の厚意ある提案を受け入れさせていただいた次第である。同氏はこれまで同様に、本書所収の各文章で使用された資料文献に直接に当たり、この上なく綿密にテキストの問題点を指摘してくださった。奥田氏の編集者としての誠実な努力に深い謝意を表する。

戦後七一年（二〇一六年）八月

三谷 太一郎

初出一覧

I

1　東京大学校友会・東京大学出版会講演会講演（二〇一四年一二月一六日）に基づく書き下ろし

2　南原繁研究会編『南原繁と国際政治――永久平和を求めて』（EDITEX、二〇一四年）所収

3　岡義武『独逸デモクラシーの悲劇』（文春学藝ライブラリー、二〇一五年）解説

4　『丸山眞男手帖』第六七号（二〇一三年一〇月）所収

5　佐々木毅・金泰昌編『公共哲学10　二一世紀公共哲学の地平』東京大学出版会、二〇〇二年）所収

6　『アステイオン』第七一号（二〇〇九年一一月）所収

II

1　『UP』第四七一号（二〇一二年一月）所収

2　南原繁研究会編『南原繁と現代――今問われているもの』（to be 出版、二〇〇五年）所収（原題「献杯あいさつ――南原繁百十五歳」）

3　南原繁研究会編『真理の力――南原繁と戦後教育改革』（to be 出版、二〇〇九年）所収（原題「二回目の献杯の辞」）

4　『日本経済新聞』一九九七年七月二六日所収（原題「亡き師の導き」）

5 『丸山眞男手帖』第六九号（二〇一四年八月）所収（原題「丸山先生についての断片的な回想」）
6 『日本学士院紀要』第六二巻第三号（二〇〇八年三月）所収（原題「故福田歓一会員追悼の辞」）
付 「福田先生を語る会」献杯の辞（二〇一四年一一月八日）に基づく書き下ろし
7 斎藤眞先生追悼集刊行委員会編『斎藤眞先生追悼集――こまが廻り出した』（非売品、二〇一一年）所収（原題「故斎藤眞会員追悼の辞」）
8 『日本学士院紀要』第六七巻第一号（二〇一三年一月）所収（原題「故細谷千博会員追悼の辞」）
9 「篠原一先生お別れの会」スピーチ（二〇一五年一二月七日）に基づく書き下ろし
10 「坂本義和先生を偲ぶ会」スピーチ（二〇一五年二月二二日）に基づく書き下ろし
11 『日本政治学会会報』No. 60（二〇一〇年一二月）所収（原題「升味準之輔先生を悼む」）
12 「三ヶ月章先生とのお別れの会」スピーチ（二〇一一年二月二七日）に基づく書き下ろし
13 『田中英夫追想文集』（非売品、一九九三年）所収（原題「民主性と貴族性」）
14 平井宜雄氏ご葬儀弔辞（二〇一三年一一月二九日）に基づく書き下ろし
付 平井宜雄氏三回忌挨拶（二〇一五年一一月二八日）に基づく書き下ろし
15 安江良介追悼集刊行委員会編『追悼集　安江良介――その人と思想』（非売品、一九九九年）所収（原題「六〇年来の懸案――『吉野作造選集』の刊行と安江さん」）
16 『環』第五九号（二〇一四年一〇月）所収（原題「媒介者としての編集者」）
17 阪谷綾子編『倜儻不羈の人――追悼・阪谷芳直』（非売品、二〇〇三年）所収（原題「真っすぐに生きた人」）
18 「中坊公平さんを偲ぶ会」スピーチ（二〇一三年七月一日）に基づく書き下ろし

Ⅲ

1 『東京人』第七〇号（一九九三年七月）所収（原題「『三四郎』の時代と大学」）

2 『吉野作造通信』第一六号（二〇一四年一二月）所収（原題「井上ひさし作『兄おとうと』によせて」）

3 『岩波講座 アジア・太平洋戦争』1・月報1（岩波書店、二〇〇五年一一月）所収

4 NHKテレビ「視点・論点」二〇一五年八月二四日における口述に基づく書き下ろし

5 岩波書店編集部編『私の「戦後民主主義」』（岩波書店、二〇一六年）所収

著者略歴
1936年　岡山市に生まれる．
1960年　東京大学法学部卒業．
現　在　日本学士院会員，東京大学名誉教授．

主要著書
『増補 日本政党政治の形成』（東京大学出版会，1995 年）
『ウォール・ストリートと極東』（東京大学出版会，2009 年）
『近代日本の戦争と政治』（岩波人文書セレクション，2010 年）
『学問は現実にいかに関わるか』（東京大学出版会，2013 年）
『大正デモクラシー論』第 3 版（東京大学出版会，2013 年）
『増補 政治制度としての陪審制』（東京大学出版会，2013 年）
『人は時代といかに向き合うか』（東京大学出版会，2014 年）

戦後民主主義をどう生きるか

2016 年 9 月 29 日　初　版
2016 年 12 月 20 日　第 2 刷

［検印廃止］

著　者　三谷《みたに》 太一郎《たいちろう》

発行所　一般財団法人　東京大学出版会
代表者　古田 元夫
153-0041 東京都目黒区駒場 4-5-29
http://www.utp.or.jp/
電話　03-6407-1069　Fax　03-6407-1991
振替　00160-6-59964

印刷所　株式会社理想社
製本所　牧製本印刷株式会社

ISBN 978-4-13-003339-8　Printed in Japan